BALANCED *Christmas* BAKING

Alissa Poller

BALANCED *Christmas* BAKING

Weihnachtlich backen mit weniger Zucker, Weizenmehl und Butter

EIN BUCH DER
EDITION MICHAEL FISCHER

Inhalt

Vorwort 7

Ohne Weizen, Butter und weißen Zucker – geht das? 8
Mehl – ein vielseitiges Produkt 8
Gesunde Süße 8
Butter ade 11

Willkommen im Superfood-Heaven .. 12
Nuss-Liebe 12
Supermandeln 12
Schokolade: Wunderwaffe oder Weihnachtssünde? 12
Ein bisschen Weihnachtswürze am Schluss 12
Symbole 12

Plätzchen, Cookies & Co. 15
Lebkuchenplätzchen 17
Cocoa Crinkle Cookies 19
Zimtsterne 20
Kokosmakronen 22
Vanillekipferl 23
Pistazienküsschen 24
Chocolate Chip Cookies 27
Cranberry-Kokos-Energie-Bällchen 29
Dattel-Açai-Energie-Bällchen 30
Schoko-Chia-Energie-Bällchen 31
Linzer Sterne 32
Orangen-Ingwer-Stangen 35

Torten, Tartes & Cupcakes 37
Süßkartoffel-Zimtschnecken 38
Spekulatius-Cupcakes 41
Kakao-Birnen-Torte 42
Dried-Fruit-Muffins 45
Pumpkin Pie 46
Apfeltarte 48
Pecan Pie 49
Honigkuchen 51
Schokotorte mit Johannisbeeren 53

Les Petits 55

Laddu 56
Petits Fours mit Matcha 59
Schokoladenorangen 60
Cranberry-Chia-Aufstrich 62
Mandarinenmarmelade 63
Sesamkonfekt 65
Peanut Butter Cubes 66
Dattel-Feigen-Häppchen 69
Christmas Bark .71
Haselnuss-Rochers 73

Desserts 75

Maronen-Mousse 76
Kirsch-Pflaumen-Crumble 79
Kokos-Pannacotta mit Feigen 80
Rote-Bete-Schoko-Gläschen 83
Kardamom-Zimt-Eis mit Pflaumenkompott 84
Schokoladen-Dattel-Sorbet 86
Apfelküchle 87
Roasted Pears 89
Fondant au Chocolat 91

Register 92
Über die Autorin 95

Vorwort

Alle Jahre wieder ist es so weit: Die Tage werden kürzer, draußen wird es kälter und wir freuen uns auf ein besinnliches Weihnachtsfest. Neben stimmungsvollen Liedern, liebevollen Dekorationen und einem Haufen Geschenke darf natürlich eines nicht fehlen: das richtige Essen! Besonders lieben wir an Weihnachten all die süßen Sünden – von Plätzchen bis zum Schokoladendessert –, die häufig aus einer Menge Butter, Zucker und Weizenmehl bestehen.

Eine schwierige Zeit für all diejenigen, die versuchen, sich bewusst zu ernähren, die aufgrund von Unverträglichkeiten zum Beispiel auf Gluten oder Laktose verzichten oder auch alle, die aus Überzeugung vegan sind.

In diesem Buch stelle ich eine bunte Mischung an Rezepten für Weihnachten vor, die auf die eine oder andere Art dafür sorgen, dass wir auch während der Festtage in Balance bleiben. Beim Durchblättern werdet ihr feststellen, dass es auch in der Weihnachtszeit möglich ist, seinen (Ernährungs-)Prinzipien treu zu bleiben. Von Paleo, Low Carb, vegan über gluten- und laktosefrei bis hin zum ultimativen Superfood-Kick, im Advent kann es rund gehen, ohne rund zu werden. Die vier wichtigsten Prinzipien sind in den Rezepten mit kleinen Icons gekennzeichnet. Im Register auf den Seiten 92 bis 94 sind weitere Kategorien aufgezeigt, sodass jeder schnell den idealen Weihnachtsschmaus für sich findet.

Wichtig ist, die Weihnachtszeit ist zum Schlemmen da!
Und jeder sollte ohne schlechtes Gewissen auch den dritten, vierten oder fünften Keks vernaschen dürfen.

In diesem Sinne: Have yourself a merry – and healthy – little Christmas!

Frohe Weihnachten!

Alissa

Ohne Weizen, Butter und weißen Zucker – geht das?

Während uns eine gesunde und ausgewogene Ernährung beim Kochen von herzhaften Speisen kaum noch Probleme bereitet, fehlt uns häufig beim Backen und bei der Herstellung von anderen Süßigkeiten die Kreativität. Gerade in der Vorweihnachtszeit stehen wir meist mit Plätzchenrezepten in der Küche, die schon seit Generationen in der Familie weitergegeben wurden und die klassischerweise alle viel Weizenmehl, Zucker, Butter und Puderzucker auf der Zutatenliste haben. Dabei gibt es Möglichkeiten – sogar an Weihnachten –, die Benutzung dieser Lebensmittel zu verringern oder sie gar komplett zu ersetzen:

Mehl – ein vielseitiges Produkt

Allein schon bei dem Wort „Mehl" kommt den meisten Menschen die Vokabel „Weizen-" in den Kopf. Dabei ist die Auswahl unter den Mehlsorten enorm. In diesem Buch werden verschiedene verwendet, die zeigen, wie vielseitig Mehl sein kann.

Bleibt man beim Getreide, ist auch hier Weizen nicht unbedingt das Mittel der Wahl. Dinkelmehl zum Beispiel ist eine gute Alternative für alle, die Weizen nicht vertragen. Greift man dann noch zum Vollkornmehl, macht man alles richtig, denn hierbei wird das gesamte Korn verwertet und das Mehl weist dadurch den höchsten Gehalt an gesunden Inhaltsstoffen unter den Getreidemehlsorten auf, von Mineralien über Ballaststoffe bis zu B-Vitaminen.

Für alle Menschen mit Zöliakie gibt es auch zig Möglichkeiten, ohne das Klebereiweiß Gluten zu backen, das in den Getreidesorten vertreten ist.

Kokosmehl zum Beispiel ist in Deutschland noch nicht allzu bekannt, dabei ist es nicht nur glutenfrei, sondern auch fettarm, basisch, cholesterinfrei und voller Ballaststoffe. Es entsteht durch das Trocknen, Entölen und Mahlen des Kokosnussfleisches. Noch dazu riecht und schmeckt es natürlich vorzüglich – ein weiterer Pluspunkt gegenüber herkömmlichen Mehlen.

Ein weiterer Exot, zumindest beim Backen, ist das Kichererbsenmehl. Die Kichererbse hat einen Eiweißgehalt von 20 %, somit ist es ein wahrer Proteinlieferant, gerade für Veganer. Der etwas orientalisch anmutende Geschmack macht sich zum Beispiel sehr gut bei den ayurvedischen Laddus von Seite 56–57!

Weitere Mehlsorten wie Erdmandelmehl, Buchweizenmehl, Reismehl oder Leinmehl sind alle glutenfrei und können auch sonst einiges. Deswegen habe ich versucht, in diesem Buch eine gute Mischung aus verschiedenen Produkten zu wählen.

Gesunde Süße

Auch beim Süßen der Backwaren muss man sich nicht schwer tun, wenn man eine Alternative fernab vom Haushaltszucker sucht.

Birkenzucker, der Low-Carb-Zuckerersatz, auch Xylit genannt, ist dem Haushaltszucker im Aussehen sogar sehr ähnlich, nur viel gesünder. Er zählt zu den Zuckeraustauschstoffen und wird aus natürlichen

Rohstoffen gewonnen. Birkenzucker wird in einem aufwendigen Verfahren aus Baumteilen hergestellt. Er ist fast genauso süß wie normaler Zucker, hat aber deutlich weniger Kalorien, gelangt langsamer ins Blut, sodass der Blutzuckerspiegel weniger ansteigt, und ist kaum säurebildend, was gut für die Zähne ist.

Eine weitere, sehr natürliche Weise zu süßen sind getrocknete Datteln. Entweder man nimmt sie direkt im Ganzen und verarbeitet sie zu einer süßen, klebrigen Paste, die sich toll als Füllung oder Ähnliches verwenden lässt (z. B. beim Pecan Pie auf Seite 49), oder man verwendet die Produkte Dattelsüße und Dattelsirup, wenn sie ähnlich wie Zucker eingesetzt werden sollen. Denn trotz des hohen Zucker- und Kaloriengehalts haben Datteln viele Nährstoffe, u. a. Kalium, Kalzium und Magnesium.

Auch Kokosblütenzucker und -sirup zählen zu den gesunden Zuckerarten, da sie wenig freie Fructose und dafür viele Mineralien beinhalten. Sie werden aus dem frischen Saft der Kokosblüte gewonnen und zählen zu den nachhaltigsten Zuckerarten weltweit. Kokosblütenzucker schmeckt nicht gerade sehr nach Kokos, sondern hat stattdessen eine angenehm karamellige Note.

Weitere Zuckersorten, die den Haushaltszucker ersetzen können, sind die aus dem Zuckerrohrsaft entstehenden Arten Vollrohrzucker und Rohrohrzucker. Beachte dabei, dass Letzterer raffiniert ist.

Auch Agavendicksaft und Ahornsirup eignen sich hervorragend als Alternativen beim Backen!

Butter ade

Wer auf Butter verzichten mag, stellt sich auf kurz oder lang die Frage, womit ersetze ich sie? Kokosöl ist eins der natürlichsten Öle, die uns zur Verfügung stehen. Noch dazu ist es kalorienarm und leicht verdaulich. Es hat sich in letzter Zeit in einigen Bereichen bewiesen, wie zum Beispiel auch in der Kosmetik, und auch hier in der Weihnachtsbackstube ist es eine gern gesehene Zutat.

Willkommen im Superfood-Heaven

Cranberry, Avocado, Chiasamen, Matchapulver, Gojibeere oder Granatapfel – sie alle können unseren Süßigkeiten den extra Kick geben, denn diese Lebensmittel haben mehr Nährstoffe als üblich! Nascht man von ihnen auch im Advent, macht man alles richtig.

Nuss-Liebe

Wie gut, dass wir gerade in der Weihnachtszeit Nüsse wie Cashew, Haselnuss, Walnuss, Pekannuss oder Pistazie lieben, denn sie nehmen einen wichtigen Platz beim ausgewogenen Backen ein – sei es die ganze Nuss, als buttriges Mus, in gehackter Form oder gemahlen. Häufig können sie sogar Mehl oder Butter komplett ersetzen.

Supermandeln

Die Mandel ist ein wahres Superfood und wirkt sich positiv auf unsere Gesundheit aus! Ihre Einnahme kann vor Diabetes, Herz-Kreislauf-Problemen und vor einem hohen Cholesterinspiegel schützen. Gut, dass wir sie auch in zig Formen zum Backen verwenden können!

Schokolade: Wunderwaffe oder Weihnachtssünde?

Beim Durchblättern des Buches wird euch auffallen: An Schokolade und Kakao wird nicht gespart. Denn was wäre auch Weihnachten ohne ein paar Pralinchen? Schokolade ist umstritten, aber der Zartbitter-Variante wird nachgesagt, sich positiv auf Herz und Hirn auszuwirken. Und noch eine Eigenschaft kennen wir alle: Schokolade macht glücklich.

Übrigens: Rohkakaopulver und Kakaonibs zählen dank ihrer positiven Eigenschaften sogar zu den Superfoods.

Ein bisschen Weihnachtswürze am Schluss

Um jetzt noch eine Prise Weihnachtsgefühl ins Gebäck zu zaubern, muss man nur einmal kurz in den Gewürzschrank greifen. Weihnachten lebt durch Gewürze wie Zimt, Ingwer oder Vanille und Mischungen wie Lebkuchen- oder Spekulatiusgewürz sind uns allen nur allzu bekannt. Man gebe noch ein wenig Orangenschale dazu und verstecke die ein oder andere Birne in den Rezepten und schon freut man sich auf die Weihnachtszeit und alles, was sie kulinarisch zu bieten hat. Hoch die Schneebesen und ran an die Öfen!

Symbole

Mithilfe dieser Icons erkennst du auf einen Blick, für welche speziellen Ernährungsformen das Rezept besonders gut geeignet ist. Weitere Kategorisierungen findest du im Rezeptregister auf Seite 92–94.

 vegan

 Superfood

 glutenfrei

 laktosefrei

Plätzchen, Cookies & Co.

Was wäre Weihnachten ohne eine prall gefüllte Keksdose?
Bei dieser gesunden Plätzchen-Auswahl darf genascht
werden, was das Zeug hält!

Lebkuchenplätzchen

Diese Cookies schmecken nicht nur wahnsinnig weihnachtlich, sondern es macht auch noch Spaß, sie zu verzieren.

Für ca. **20** Stück

Für den Lebkuchen

300 g Dinkelvollkornmehl
2 TL Backpulver
1 TL Natron
2 TL Zimt
1 TL gemahlener Ingwer
½ TL Muskatnuss
½ TL gemahlene Nelken
½ TL Salz
90 g Kokosöl
60 g Vollrohrzucker
150 g Kokosblütensirup
1 Ei (Größe M)

Für das Royal Icing

250 g Birkenzucker
1 Eiweiß (Größe M)

Außerdem

Teigrolle
Plätzchenausstecher
Universal-Küchenmaschine

Zubereitung

1. Das Mehl mit dem Backpulver, dem Natron sowie den Gewürzen und Salz vermischen und beiseitestellen. Das Kokosöl mit dem Vollrohrzucker cremig schlagen. Den Kokosblütensirup und das Ei unterrühren. Dann die trockenen Zutaten dazumischen und alles zu einem glatten Teig verkneten. In Frischhaltefolie gewickelt, mindestens 2 Stunden im Kühlschrank ruhen lassen.

2. Den Backofen auf 180 °C Umluft vorheizen. Den Teig zwischen zwei Lagen Backpapier 5 mm dünn ausrollen und das obere Backpapier wieder entfernen. Mit verschiedenen Plätzchenausstechern Formen ausstechen. Die überflüssigen Teigreste entfernen, das Backpapier auf ein Backblech geben und die Kekse 8 Minuten in den Ofen schieben. Nach dem Backen komplett auskühlen lassen.

3. Für das Royal Icing den Birkenzucker in der Küchenmaschine zu Puderzucker verarbeiten. Das Eiweiß aufschlagen und nach und nach dabei den Puderzucker einrieseln lassen. Eventuell bis zu 20 ml Wasser dazugießen, bis die gewünschte Konsistenz erreicht ist.

4. Die Plätzchen nun nach Lust und Laune mit dem Icing verzieren. Sie sollten am besten luftdicht verschlossen gelagert werden.

Tipp: Das Icing reicht für eine größere Menge an Plätzchen!

Cocoa Crinkle Cookies

Saftige Schokoladen-Cookies, die komplett auf Butter verzichten können, verzaubern euch diese Weihnachten.

Für **40** Stück

Zutaten

250 g Dinkelvollkornmehl
2 ½ TL Backpulver
Salz
200 g Apfelmus (siehe Tipp)
100 g Vollrohrzucker
60 g ungesüßtes Kakaopulver
80 g Kokosöl
2 EL Kakaonibs
50 g Vollrohrzucker
50 g Puderzucker

Zubereitung

1. Das Mehl mit dem Backpulver und 1 Prise Salz vermischen und beiseitestellen. Das Apfelmus in einer Schüssel mit dem Vollrohrzucker und dem Kakao verrühren, das Kokosöl dazugeben und Kakaonibs unterheben. Dann mit dem Mehl zu einem glatten Teig verarbeiten. In Frischhaltefolie gewickelt, mindestens 4 Stunden kalt stellen.

2. Den Ofen auf 180 °C Ober- und Unterhitze vorheizen. Die jeweils 50 g Vollrohrzucker und Puderzucker in zwei separate Schalen füllen. Den Teig aus dem Kühlschrank holen und aus ihm walnussgroße Kugeln formen. Diese erst in dem Vollrohrzucker, dann im Puderzucker wälzen. Auf ein mit Backpapier belegtes Backblech legen und auf der mittleren Schiene etwa 10 Minuten backen. Die Cookies sollten auf diese Weise innen schön saftig sein.

Selbstgemacht: Apfelmus

1 kg säuerliche Äpfel (z. B. Braeburn) schälen, entkernen und in Achtel schneiden. In einem Topf mit 1 Esslöffel Vollrohrzucker für 2 Minuten karamellisieren, dann mit 125 ml Apfelsaft oder Wasser aufgießen und bei mittlerer Hitze etwa 10 Minuten weich kochen. Vom Herd nehmen, zerstampfen und schließlich mit ein wenig Zitronensaft und gemahlenem Zimt abschmecken.

Zimtsterne

In der Weihnachtsbäckerei dürfen Zimtsterne nicht fehlen!
Schon einmal die vegane Variante probiert?

Für **40** Stück

Zutaten

200 g Birkenzucker

100 ml Aquafaba (Kichererbsenflüssigkeit)

½ gestrichener TL Weinsteinbackpulver

Mark von 1 Vanilleschote

1 ½ TL Zimt

350 g Mandeln, gemahlen

Außerdem

Universal-Küchenmaschine

Rührgerät

Teigrolle

Sternausstecher

Zubereitung

1. Den Birkenzucker in der Küchenmaschine zu Puderzucker pulverisieren. Die Kichererbsenflüssigkeit mit dem Weinsteinbackpulver vermischen und mit dem Rührgerät aufschlagen wie Eiweiß, bis ein fester Schaum entsteht. Dann in vier Portionen den Birkenpuderzucker dazugeben. Das Resultat sollte eine zähflüssige, weiße Masse sein. 100 g in eine Tupperdose umfüllen und für die Glasur beiseitestellen.

2. Die Vanilleschote längs halbieren und das Mark auskratzen. Mit dem Zimt unter die gemahlenen Mandeln mischen.

3. Die Zuckermasse nun vorsichtig unter die Mandeln heben. Den entstandenen Teig, in Frischhaltefolie gewickelt, für mindestens 30 Minuten kalt stellen.

4. Den Ofen auf 100 °C Umluft vorheizen. Den Teig zwischen zwei Lagen Folie 7 mm dick ausrollen und mit einem Ausstecher 40 Sterne ausstechen. Diese auf ein mit Backpapier belegtes Backblech geben und mit einem Teelöffel die zuvor beiseitegestellte Glasur auf den Zimtsternen verteilen. Im Ofen auf der untersten Schiene 15 Minuten backen.

Kokosmakronen

„Schneeflöckchen, Weißröckchen" mag man am liebsten singen, wenn man diese süßen Kokosflöckchen aus dem Backofen holt!

Für **40** Stück

Zutaten

120 g Birkenzucker
Mark von 1 Vanilleschote
Schale von 1 Bio-Limette
3 Eiweiß (Größe M)
Salz
200 g Kokosraspeln

Außerdem

Universal-Küchenmaschine
Silikonbackmatte

Zubereitung

1. Den Backofen auf 160 °C Ober- und Unterhitze vorheizen. Eine Silikonbackmatte auf einem Backblech bereitlegen. Den Birkenzucker in der Küchenmaschine zu Puderzucker verarbeiten. Die Vanilleschote längs halbieren und das Mark auskratzen. Die Limette waschen und die Schale fein abreiben.

2. Die Eiweiße mit 1 Prise Salz aufschlagen. Unter das Eiweiß die Kokosraspeln und den Puderzucker heben. Zum Schluss das Vanillemark und die Limettenzeste dazumischen. Mithilfe zweier Teelöffel 40 kleine Häufchen gleichmäßig auf die Silikonmatte setzen. Die Makronen im Ofen 12 Minuten backen. Komplett abkühlen lassen, bevor man sie von der Backmatte nimmt.

Vanillekipferl

Ein Klassiker, der auf dem Plätzchenteller unter dem Weihnachtsbaum auf keinen Fall fehlen darf!

Für **35** Stück

Zutaten

Mark von 1 Vanilleschote
120 g Mandelmehl
80 g gemahlene Mandeln
1 Messerspitze Backpulver
120 g Birkenzucker
120 g Butter
2 Eigelb (Größe M)

Außerdem

Universal-Küchenmaschine

Zubereitung

1. Den Ofen auf 160 °C Ober- und Unterhitze vorheizen. Die Vanilleschote längs halbieren und das Mark auskratzen. Das Mandelmehl, die gemahlenen Nüsse, das Vanillemark und das Backpulver vermischen und mit 70 g Xylit bzw. Birkenzucker, der Butter und den zwei Eigelben zu einem Teig verkneten. In Frischhaltefolie gewickelt, mindestens 30 Minuten im Kühlschrank ruhen lassen.

2. Aus dem Teig 35 kleine Kugeln formen, diese zwischen den Händen ausrollen und in die klassische Kipferlform bringen. Die Plätzchen auf ein mit Backpapier belegtes Backblech legen und auf der mittleren Schiene im Ofen 10 Minuten goldgelb backen.

3. In der Zwischenzeit die übrigen 40 g Xylit in der Küchenmaschine zu feinem Puderzucker verarbeiten und in eine Schüssel umfüllen. Die Kekse nach dem Backen kurz abkühlen lassen und dann lauwarm im Puderzucker wälzen.

Plätzchen, Cookies & Co.

Pistazienküsschen

Diese saftigen Nussplätzchen erinnern an die österreichischen Mozartkrapfen und geben dir einen extra Schub wichtiger Nährstoffe durch die wertvollen Pistazien.

Für **18** Stück

Für die Kekse

50 g Rohrohrzucker

200 g gemahlene Mandeln (und ein bisschen zum Ausrollen des Teigs)

50 g weiche Butter

1 Ei (Größe M)

Für die Füllung

60 g Pistazien (und ein bisschen zum Verzieren)

50 g weiche Butter

40 g Rohrohrzucker

50 g Mandelmus

Außerdem

Universal-Küchenmaschine

Teigrolle

Ausstecher, ø 4 cm

Zubereitung

1. Den Ofen auf 160 °C Ober- und Unterhitze vorheizen. Sowohl die 50 g Rohrohrzucker für den Teig als auch die 40 g für die Füllung in der Küchenmaschine auf höchster Stufe zu Puderzucker mahlen.

2. Für die Kekse die gemahlenen Mandeln mit den 50 g Rohrohrpuderzucker und der Butter fein zerbröseln, dann das Ei untermischen und zu einem glatten Teig verarbeiten. In Klarsichtfolie gewickelt, den Teig 1 Stunde kalt stellen.

3. Für die Füllung die Pistazien in der Küchenmaschine zu Pulver verarbeiten. Die weiche Butter mit dem restlichen Rohrohrpuderzucker cremig verrühren, dann das Mandelmus und das Pistazienpulver hinzufügen.

4. Die Arbeitsfläche leicht mit gemahlenen Mandeln bestreuen und den Teig 5 mm dick ausrollen. Mit einem Plätzchenausstecher 36 Kreise mit 4 cm Durchmesser ausstechen und auf ein mit Backpapier belegtes Backblech legen. Im Ofen 10 Minuten backen.

5. Die Kekse abkühlen lassen und dann auf 18 Stück einen Teelöffel der Pistazienfüllung setzen. Die anderen 18 als Deckel obendrauf drücken. Wer mag, kann jetzt noch mit der übrigen Pistaziencreme kleine Tupfen auf den Deckeln verteilen und diese mit gehackten Pistazien bestreuen. Die kleinen Küsschen jetzt nur noch 30 Minuten kalt stellen und dann sind sie schon bereit zum Verzehren oder Verschenken!

Schon gewusst: Die gesunden Grünen

Es stecken eine Menge Mineralien, Vitamine und Spurenelemente in Pistazien. Außerdem helfen sie trotz hohem Fettgehalt sogar beim Abnehmen, da sie schnell sättigen.

Chocolate Chip Cookies

Mein Favorit unter den Keksen, da man sie das ganze Jahr über naschen kann. Aber gerade zu Weihnachten müssen sie auf jeder Backliste stehen!

Für **16** Stück

Zutaten

160 g glutenfreie Haferflocken
Mark von ½ Vanilleschote
½ TL Natron
Salz
85 g Kokosöl
50 g Vollrohrzucker
1 Ei (Größe M)
75 g laktosefreie Zartbitterschokolade

Außerdem

Universal-Küchenmaschine

Zubereitung

1. Den Backofen auf 180 °C Ober- und Unterhitze vorheizen. In der Küchenmaschine die Haferflocken zu Mehl verarbeiten. Die Vanilleschote längs halbieren und das Mark auskratzen. In einer Schüssel Haferflockenmehl, Vanillemark, Natron und 1 Prise Salz mischen.

2. Das Kokosöl schmelzen. Den Vollrohrzucker mit dem Ei schlagen und unter ständigem Rühren das flüssige Kokosöl einfließen lassen. Jetzt die trockenen Zutaten untermischen. Als Letztes die Zartbitterschokolade fein hacken und vorsichtig unter den Teig heben. Den Cookie-Teig 30 Minuten kalt stellen. Dann aus der Masse 16 walnussgroße Bällchen formen und diese auf ein mit Backpapier belegtes Backblech legen. Es sollte genug Platz zwischen den Kugeln sein, da sie beim Backen aufgehen.

3. Die Cookies im Ofen 8–10 Minuten backen, je nachdem wie saftig sie noch sein sollen. Nach dem Backen komplett auskühlen lassen und schon kann man sie in der Keksdose stapeln!

Tipp: Für den extra Superfood-Kick

2 Teelöffel Maca-Pulver zu den Haferflocken mischen. Das aus den Anden stammende Pulver der Macaknolle soll leistungssteigernd wirken und ist übrigens auch ein natürliches Aphrodisiakum.

Cranberry-Kokos-Energie-Bällchen

Im Weihnachtsstress versunken? Diese süßen Kugeln lassen dich wieder nur so strahlen vor Energie. Wie die rote Nase von Rudolph, dem Rentier!

Für **15** Stück

Zutaten

- 55 g getrocknete Cranberrys
- 25 g Walnüsse
- 50 g Kokosnusschips
- 40 g feine, glutenfreie Haferflocken
- 170 g weißes Mandelmus
- 70 g Agavendicksaft
- 30 g Leinmehl
- 50 g Kokosraspeln

Zubereitung

1. Die Cranberrys und Walnüsse fein hacken. Die Kokosnusschips klein zerbröckeln. Alles in einer Schüssel mit den Haferflocken vermischen. Das Mandelmus mit dem Agavendicksaft vermischen und beides unter die trockenen Zutaten rühren. Als Letztes das Leinmehl hinzufügen, es sorgt für einen besseren Halt.

2. Aus dem feuchten Teig 15 walnussgroße Kugeln formen. Die Kokosnussraspeln in eine Schüssel füllen und die Bällchen darin wälzen.

3. Die süßen Energiebomben am besten kühl und trocken lagern. Wer länger etwas von ihnen haben will, kann sie auch gut einfrieren.

Selbstgemacht: Mandelmus

Für alle, die von Mandelmus nicht die Finger lassen können, gibt es auch die Möglichkeit, die feine Nussbutter direkt zu Hause herzustellen. Dafür einfach 500 g Mandeln im Ofen bei 200 °C leicht rösten. Dann in eine Universal-Küchenmaschine oder einen Mixer umfüllen. Hier sollte es sich wirklich um ein Hochleistungsgerät handeln. Die Mandeln dann 10 Minuten lang zu Butter verarbeiten. Dabei immer wieder die Mandeln an den Seiten der Küchenmaschine herunterschaben. Am Ende sollte man eine recht flüssige Mandelmasse erhalten. Diese nach Bedarf mit Fleur de Sel würzen und in kleine Gläschen füllen. Im Kühlschrank auskühlen lassen und fertig ist eine cremige Mandelbutter!

Dattel-Açai-Energie-Bällchen

Für den fruchtigen Energieschub – zum Frühstück oder zwischendurch – sind diese schnell zubereiteten Kugeln genau richtig.

Für **12** Stück

Zutaten

70 g Mandeln
30 g Pinienkerne
80 g Soft-Datteln
40 g Soft-Aprikosen
1 EL Kokosöl
1 EL Açaipulver
1 Messerspitze Vanillepulver

Außerdem

Universal-Küchenmaschine

Zubereitung

1. Die Mandeln und die Pinienkerne in der Küchenmaschine fein zerkleinern. Die Datteln, die Aprikosen, das Kokosöl, das Açaipulver sowie die Vanille hinzugeben und zu einer geschmeidigen Paste verarbeiten.

2. Mit den Händen die Masse zu 12 walnussgroßen Kugeln formen und mindestens 30 Minuten im Kühlschrank kalt stellen, und schon kann man sie genießen!

Schon gewusst: Warum Energiespender?

Eine große Portion Proteine, Ballaststoffe und gesunde Fette sorgen dafür, dass diese Bällchen uns Power geben, sei es vor dem Workout oder beim Geschenke-Einkaufen. Dadurch, dass sie nicht gebacken werden, sind sie schnell zubereitet und der ideale Snack für zwischendurch!

Schoko-Chia-Energie-Bällchen

Diese Bällchen vereinen mit Gojibeeren, Chiasamen, Quinoa und Kakao gleich mehrere starke Zutaten!

Für **12** Stück

Zutaten

40 g Gojibeeren

20 g Erdnüsse

20 g Chiasamen

15 g glutenfreie, gepuffte Vollkornquinoa

75 g Erdnussmus

25 g Agavendicksaft

10 g ungesüßtes Kakaopulver

Salz

Außerdem

Universal-Küchenmaschine

Zubereitung

1. Die Gojibeeren 30 Minuten in Wasser einweichen lassen, abgießen und dann fein hacken. Die Erdnüsse in der Zwischenzeit in der Küchenmaschine fein zerkleinern. Beides mit den Chiasamen und der gepufften Quinoa in einer Schüssel vermischen.

2. In einer weiteren Schüssel Erdnussmus mit Agavendicksaft verrühren. Den Kakao und 1 Prise Salz untermischen. Alles über die trockenen Zutaten geben und zu einer klebrigen Masse verkneten.

3. Daraus 12 walnussgroße Bällchen formen und diese im Kühlschrank mindestens 30 Minuten kalt stellen. Am besten kühl verzehren.

Schon gewusst: Super-Samen

So klein, aber doch so fein: Die mexikanischen Chiasamen haben fünfmal so viel Kalziumgehalt wie Milch und beinhalten mehr Eisen als Spinat. Außerdem sind sie voll Antioxidantien, welche die Zellen im Körper schützen sollen. Mit 16 g Eiweiß pro 100 g haben sie einen hohen Proteingehalt. Durch die Einnahme von Chia ist es dem Körper auch möglich, Omega-3-Fettsäuren zu bilden. Zudem wirken sie dank der Ballaststoffe sehr sättigend, es genügt also stets eine kleine Menge der Super-Samen.

Linzer Sterne

Auch unter dem Namen Spitzbuben sind Linzer Plätzchen zur Weihnachtszeit bekannt. Mit Reis- und Erdmandelmehl kann man sie auch glutenfrei genießen.

Für **10** große Sterne

Zutaten

100 g Rohrohrzucker
200 g Reismehl
100 g Erdmandelmehl
Salz
½ TL Zimt
1 Messerspitze gemahlene Nelken
160 g Butter
2 Eigelb (Größe M)
200 g Cranberry-Marmelade (z. B. von Seite 62)

Außerdem

Universal-Küchenmaschine
Teigrolle
Sternausstecher in zwei Größen

Zubereitung

1. Den Rohrohrzucker in der Küchenmaschine zu Puderzucker zerkleinern. Mit den Mehlen, 1 Prise Salz, dem Zimt, den Nelken, der Butter sowie den Eigelben zu einem glatten Mürbeteig verarbeiten und diesen etwa 30 Minuten, in Frischhaltefolie gewickelt, in den Kühlschrank geben.

2. Den Backofen auf 160 °C Ober- und Unterhitze vorheizen. Den Teig auf einer mit Reismehl bemehlten Arbeitsplatte 3 mm dünn ausrollen. Mit einem großen Sternausstecher 20 Sterne aus dem Teig stanzen. Mit dem kleineren Ausstecher in der Mitte von 10 der Sterne einen kleinen ausstechen. Das werden später die Deckel sein.

3. Die Kekse auf ein mit Backpapier belegtes Backblech legen und im Ofen 15 Minuten backen. Komplett auskühlen lassen, dann auf die 10 Unterseiten jeweils zwei Teelöffel Cranberry-Marmelade geben und die Deckel draufsetzen, sodass die Marmelade in der Mitte hervor schaut. Die klein ausgestochenen Sterne können übrigens auch mitgebacken und später ohne Konfitüre vernascht werden.

Orangen-Ingwer-Stangen

Diese feinen Stangen lassen sich wunderbar zu einem passenden Orangen-Ingwer-Tee auf der Couch verzehren.

Für **8** Stangen

Zutaten

60 g Rohrohrzucker
Mark von 1 Vanilleschote
Schale von 1 Bio-Orange
frischer Ingwer, 1 cm
100 g Maismehl
25 g Maisstärke
25 g Mandeln, gemahlen und blanchiert
Salz
65 g Kokosöl
2 Eier (Größe M)

Außerdem

Universal-Küchenmaschine
Teigrolle
ggf. Löffelausstecher

Zubereitung

1. Den gesamten Rohrohrzucker in der Küchenmaschine zu Puderzucker zerkleinern. Die Vanilleschote längs halbieren und das Mark auskratzen. Die Orange waschen, abtrocknen und die Schale fein abreiben, den Ingwer schälen und ebenfalls fein reiben.

2. Das Maismehl mit der Maisstärke, den gemahlenen und blanchierten Mandeln, 1 Prise Salz und Vanillemark, Ingwer und Orange vermischen. Das Kokosöl in einem Topf schmelzen.

3. Die Eier mit 40 g Rohrohrpuderzucker cremig schlagen. Das Kokosöl unter Rühren dazugießen. Die trockenen Zutaten ebenfalls untermengen und alles zu einem feuchten Teig verarbeiten. Auf einem Backblech zwischen zwei Lagen Backpapier zu einem 5 mm dünnen Rechteck ausrollen. Dann mindestens 30 Minuten in den Kühlschrank geben.

4. Den Ofen auf 160 °C Ober- und Unterhitze vorheizen. Die erkaltete Platte in 8 x 2 cm Streifen schneiden und diese mit etwas Abstand voneinander auf dem Backpapier verteilen. Wer mag, kann stattdessen auch kleine Löffel mit einem entsprechenden Cookie-Cutter ausstechen. Im Ofen 8 Minuten backen. Die noch heißen Stangen mit den restlichen 20 g Rohrohrpuderzucker bestreuen – fertig!

Torten, Tartes & Cupcakes

Mit diesen Kuchen-Variationen lässt sich die Adventszeit leicht genießen!

Süßkartoffel-Zimtschnecken

In der Weihnachtszeit darf es ruhig auch mal eine Zimtschnecke zum Frühstück sein, besonders wenn es sich um diese etwas gesündere Variante handelt!

Für **12** Schnecken

Hefeteig

1 Süßkartoffel (ca. 300 g für 125 g Püree)

500 g Dinkelvollkornmehl

½ Würfel frische Hefe (21g)

40 g Kokosblütenzucker

125 ml Mandelmilch

1 Ei (Größe M)

60 g weiche laktosefreie Butter

Füllung

75 g Kokosöl (und etwas mehr zum Einfetten)

75 g Mandeln, Walnüsse oder Pekannüsse

75 g Kokosblütenzucker (und etwas mehr für die Form)

2 TL Zimt

2 EL Kokosblütensirup, nach Belieben

Außerdem

Rührgerät

ofenfeste Form, ø 20 cm

Teigrolle

Zubereitung

1. Den Backofen auf 200 °C Ober- und Unterhitze vorheizen und die Süßkartoffel im Ganzen 45 Minuten backen, bis sie weich ist. Halbieren, das noch heiße Fruchtfleisch herausschaben und mit einer Gabel zerdrücken. In eine große Schüssel füllen und das Dinkelmehl dazugeben.

2. Die Hefe in eine Schale zerbröckeln, den Zucker darübergeben und beides 15 Minuten gehen lassen. Die Milch lauwarm erhitzen und zusammen mit der Süßkartoffel-Mehl-Mischung ebenfalls in die Schüssel geben, das Ei untermischen und die weiche Butter hinzufügen. Entweder mit der Hand etwa 5 Minuten auf der Arbeitsfläche oder mit dem Knethaken des Rührgeräts so lange durchkneten, bis ein elastischer Teig entstanden ist. Diesen dann zugedeckt an einem warmen Ort 1 Stunde gehen lassen.

3. Für die Füllung das Kokosöl schmelzen. Die Nüsse fein hacken und mit dem Kokosblütenzucker und Zimt mischen. Den Ofen auf 180 °C Ober- und Unterhitze vorheizen. Die Form einfetten und mit ein wenig Kokosblütenzucker bestreuen.

4. Den aufgegangenen Teig auf der bemehlten Arbeitsplatte zu einem 30 x 40 cm großen Rechteck ausrollen. Mit dem Kokosöl die gesamte Fläche einpinseln, dann gleichmäßig die Zimt-Zucker-Nuss Mischung darüberstreuen. Den Teig von der Längsseite her eng aufrollen. Mit einem scharfen Messer in 12 gleich große Stücke schneiden und diese nebeneinander, mit der Schnittseite nach oben in die Form legen. Erneut 30 Minuten gehen lassen. Dann im Ofen 25 Minuten backen.

5. Wer mag, kann die Schnecken noch mit extra Kokosblütensirup beträufeln. Die kleinen Buns lassen sich sowohl warm als auch kalt genießen.

Spekulatius-Cupcakes

Advent ohne Spekulatius? Für mich ein Ding der Unmöglichkeit. Probiere aber mal diesen typisch würzigen Geschmack in der Form eines „Balanced Cupcake"!

Für **12** Stück

Für die Cupcakes

200 g Dinkelvollkornmehl
1 Päckchen Backpulver
2 TL Spekulatiusgewürz
150 g Kokosöl
4 Eier (Größe M)
140 g Kokosblütenzucker
50 ml Mandelmilch

Für das Topping

260 g Frischkäse, fettreduziert (ggf. laktosefrei)
70 g Kokosblütensirup
125 g Kokosöl
12 Kirschen
50 g Zartbitterschokolade, geraspelt

Außerdem

12er-Muffinform
12 Papierförmchen
Spritzbeutel und Tülle

Zubereitung

1. Den Ofen auf 160 °C Ober- und Unterhitze vorheizen. Die Muffinform mit den Papierförmchen auskleiden. Für die Cupcakes das Mehl, das Backpulver und das Spekulatiusgewürz vermischen und sieben.

2. Das Kokosöl in einem Topf schmelzen. In einer Schüssel die Eier mit dem Kokosblütenzucker cremig schlagen, dann nach und nach unter ständigem Rühren das geschmolzene Kokosöl einfließen lassen. Wenn alles gut vermengt ist, die Hälfte der Mehlmischung unterrühren, die Mandelmilch dazugeben und die zweite Hälfte des Mehls. Den Teig gleichmäßig auf die 12 Förmchen verteilen, sodass sie ungefähr zu drei Vierteln gefüllt sind. Die Cupcakes im Ofen 20 Minuten backen.

3. In der Zwischenzeit das Topping vorbereiten. Dafür den Frischkäse mit dem Kokosblütensirup glatt rühren. Das Kokosöl schmelzen und vorsichtig unter Rühren dazugießen. Das Frosting etwa 1 Stunde in den Kühlschrank geben und danach in einen Spritzbeutel mit Tülle nach Wahl (hier wird eine große Sterntülle verwendet) umfüllen. Die Kirschen waschen und gegebenenfalls die Schokolade selber raspeln.

4. Die Cupcakes aus der Form nehmen und auf einen Kuchenrost abkühlen lassen. Dann nach Lust und Laune mit dem Frosting verzieren und zum Schluss die kleinen Kuchen-Kunstwerke mit den Kirschen und Schokospänen vollenden.

Selbstgemacht: Spekulatiusgewürz

Wer sich sein Spekulatiusgewürz selber mischen mag, vermengt einfach je 1 Teelöffel gemahlenen Zimt, Muskat, Nelke, Koriander, Kardamom, Anis, Fenchel und Piment oder zerstößt die Gewürze im Mörser. Man kann auch noch je 1 Teelöffel Orangen- und Zitronenabrieb dazugeben.

Kakao-Birnen-Torte

Diese cremige Torte ist nicht nur vegan, sondern lässt sich auch ganz ohne Ofen herstellen, falls dieser durch das Plätzchenbacken schon belegt ist.

Für **12** Stücke

Für den Boden

100 g Mandeln
6 Soft-Datteln
25 g Kokosöl
2 EL ungesüßtes Kakaopulver
1 TL Zimt, Salz

Für die Birnen-Kokos-Schicht

300 g Kokosnussbutter (fester Teil aus ca. 2 400-ml-Dosen Kokosmilch)
75 g Kokosöl
350 g Birnenpüree (von 2–3 Birnen)
30 g Ahornsirup

Für die Deko

50 g Mandeln
2 Zweige Thymian
20 g Ahornsirup
½ Birne, ungesüßtes Kakaopulver

Außerdem

Springform, ø 18 cm, Universal-Küchenmaschine, Pürierstab oder Mixer

Zubereitung

1. Den Springformboden mit Backpapier auskleiden. Für den Tortenboden alle Zutaten mit 1 Prise Salz in die Küchenmaschine geben und fein zerkleinern. Die Masse in die Springform füllen und mit einem Löffel fest andrücken, sodass ein gleichmäßiger Boden entsteht. Die Form mindestens 30 Minuten kalt stellen.

2. In der Zwischenzeit die Birnen-Kokos-Schicht vorbereiten. Dafür die Kokosnussbutter aus den Dosen entnehmen und 300 g in einem Topf zusammen mit dem Kokosöl schmelzen. Die Birnen schälen, die Kerne entfernen, in Stücke schneiden und unter Zugabe der geschmolzenen Kokoscreme pürieren. Das Ganze zurück in den Topf füllen, aufkochen lassen und etwa 3 Minuten bei mittlerer Hitze köcheln lassen. Vom Herd nehmen und den Ahornsirup unterrühren. Dann die Füllung durch ein Sieb passieren, kurz abkühlen lassen und auf den erkalteten Tortenboden gießen. Den Kuchen mindestens 4 Stunden, am besten über Nacht, im Kühlschrank stocken lassen.

3. Für die Deko die Mandeln grob hacken und mit den Blättern von den Thymianzweigen vermischen. In einer beschichteten Pfanne den Ahornsirup erhitzen. Die Nüsse und Blätter darin 2 Minuten schwenken und dann auf einem Backpapier verteilen. Die Birne waschen und in schmale Streifen schneiden. Mit den Zutaten und ein wenig Kakaopulver den Kuchen nach Lust und Laune dekorieren.

Dried-Fruit-Muffins

Diese weihnachtlichen Muffins erinnern dank Gewürzen und getrockneten Früchten an den Weihnachtsklassiker Christstollen!

Für **12** Stück

Für die Muffins

4 Eier (Größe M)
75 g Birkenzucker
100 g Butter, geschmolzen
2 Äpfel, gerieben
200 g Erdmandelmehl
½ TL Natron
1 TL Christstollengewürz
5 Soft-Pflaumen
5 Soft-Aprikosen
40 g getrocknete Cranberrys

Für die Deko

etwas Magerquark, nach Belieben
12 Soft-Aprikosen, nach Belieben

Außerdem

12er-Muffinform
12 Papierförmchen
Sternausstecher

Zubereitung

1. Den Backofen auf 170 °C Ober- und Unterhitze vorheizen. Eine Muffinform mit Papierförmchen auskleiden. Die Eier trennen und das Eiweiß steif schlagen. Die Eigelbe mit dem Birkenzucker cremig verrühren. Die geschmolzene Butter unter Rühren dazugießen. Dann die geriebenen Äpfel abtupfen und dazugeben.

2. Die Erdmandeln mit dem Natron und dem Christstollengewürz vermischen und ebenfalls unter die anderen Zutaten rühren. Jetzt vorsichtig das Eiweiß unterheben. Die Trockenfrüchte fein hacken und als Letztes zur Muffin-Mischung geben.

3. Den Teig gleichmäßig auf die 12 Förmchen verteilen, sodass sie zu drei Vierteln gefüllt sind. Die Muffins im Ofen 20 Minuten backen und danach in Ruhe abkühlen lassen. Wer mag, kann sie mit einem Tupfer Magerquark servieren und mit ausgestochenen Aprikosen-Sternen verzieren.

Pumpkin Pie

Dieser Pie erinnert an die Thanksgiving-Festlichkeiten in den USA, also der perfekte Kuchen, um die Vorweihnachtszeit einzuläuten!

Für **8** Stücke

Für den Boden

100 g Kokosmehl

150 g Mandeln, gemahlen

1 Prise Salz

100 g Butter, kalt (und etwas mehr zum Einfetten)

1 Ei (Größe M)

Für die Füllung

500 g Hokkaido-Kürbis (für 300 g Püree)

2 Eier (Größe M)

100 g Kokosblütenzucker

½ TL Ingwer

½ TL Zimt

¼ TL Muskatnuss

1 Messerspitze gemahlene Nelken

Salz

170 g cremige Kokosmilch (mindestens 70 %)

Außerdem

Kokosraspeln zum Dekorieren

Pie-Form, ø 18 cm

Zubereitung

1. Den Ofen auf 200 °C Ober- und Unterhitze vorheizen. Eine Pie-Form mit ein wenig Butter einfetten. Für den Boden Kokosmehl, Mandeln und Salz mit Butterwürfeln zerbröseln, dann das Ei sowie 50 ml eiskaltes Wasser zufügen und zu einem glatten Teig verarbeiten. Den Teig in die Form geben und gut andrücken, sodass eine 5 mm dicke Tarte-Schale mit Rand entsteht. Diese mit einer Gabel ein paar Mal einstechen. Den Pie-Boden mindestens 30 Minuten kalt stellen.

2. In der Zwischenzeit den Kürbis waschen, den Strunk und die Kerne entfernen und in große Stücke schneiden. Auf einem mit Backpapier belegten Blech 30 Minuten im Ofen backen.

3. Anschließend den noch heißen Kürbis pürieren.

4. Die Hitze im Ofen auf 160 °C reduzieren und die Zutaten für die Füllung bereitlegen. Die Eier mit dem Kokosblütenzucker cremig schlagen. 300 g Kürbispüree und die Gewürze mit 1 Prise Salz hinzufügen, zum Schluss die Kokosmilch unterrühren. Die recht flüssige Masse nun auf den erkalteten Pie-Boden gießen.

5. Den Kuchen 45 Minuten im Ofen backen, beziehungsweise bis die Füllung auch in der Mitte des Kuchens gestockt ist. Am besten hier eine Stäbchenprobe durchführen. Den Pie vollständig auskühlen lassen. Wer es noch schneien lassen möchte, dekoriert die Kürbis-Tarte am Schluss mit Kokosraspeln.

Apfeltarte

Ein guter alter Apfelkuchen wie zu Omas Zeiten, aber mit ein bisschen weniger Butter, Zucker und Weizenmehl!

Für **10** Stücke

Für den Teig

350 g Dinkelvollkornmehl (und etwas mehr zum Bemehlen der Arbeitsfläche)

110 g Kokosblütenzucker

Salz, Kokosöl

Für die Füllung

1 kg Äpfel

80 g Mandeln

1 Bio-Zitrone

100 g Mandelmus

50 g Kokosblütenzucker

1 TL Zimt

½ TL Vanillepulver

50 g Rosinen

Außerdem

Rührgerät

Tarte-Form, ø 24 cm

Teigrolle

Zubereitung

1. Das Mehl mit dem Zucker und 1 Prise Salz mischen und langsam 150 ml Wasser dazugießen. Mit dem Knethaken eines Rührgeräts zu einem glatten Teig verarbeiten. In Klarsichtfolie gewickelt, 30 Minuten in den Kühlschrank geben.

2. Den Ofen auf 180 °C Ober- und Unterhitze vorheizen. Die Tarte-Form mit ein wenig Kokosöl einfetten.

3. Die Äpfel waschen, schälen, entkernen und in Achtel schneiden. Mandeln grob hacken. Die Zitronenschale fein abreiben und den Saft auspressen. Alle Zutaten für die Füllung in einer Schüssel vermengen und beiseitestellen.

4. Die Hälfte des Teigs auf einer bemehlten Arbeitsfläche 5 mm dünn ausrollen und damit die Tarte-Form auskleiden. Die Füllung hineingeben. Den restlichen Teig ebenfalls ausrollen und daraus eine Deko oder einen Kuchendeckel ausschneiden (zum Beispiel ein Web- oder Zopfmuster flechten). Den Teig nun nochmal mit ein wenig Wasser einpinseln und die Tarte dann 1 Stunde im Ofen backen.

Tipp: Schmeckt auch vorzüglich in der Kombination mit dem Kardamom-Zimt-Eis von Seite 84!

Pecan Pie

Ein weiterer Thanksgiving-Klassiker, der durch die Cashewnüsse das gewisse Extra bekommt!

Für **8** Stücke

Für den Boden

50 g Kokosöl (und etwas mehr zum Einfetten)

130 g Cashewkerne

80 g Buchweizenmehl

8 Soft-Datteln

30 g Agavendicksaft

1 TL Zimt

Für die Füllung

100 g Pekannüsse

150 g Cashewmus

10 Soft-Datteln

30 g Agavendicksaft

25 ml Wasser

Für die Deko

50 g Pekannüsse

1 EL Agavendicksaft

Außerdem

Universal-Küchenmaschine

Pie-Form, ø 18 cm

Zubereitung

1. Den Ofen auf 180 °C Ober- und Unterhitze vorheizen. Die Pie-Form mit ein wenig Kokosöl einfetten. Die Zutaten für den Boden in der Küchenmaschine zerkleinern, bis eine teigartige Masse entstanden ist. Diese in die Pie-Form drücken und sie damit auskleiden. Im Ofen 15 Minuten backen. Danach komplett abkühlen lassen.

2. In der Zwischenzeit für die Füllung die Pekannüsse in der Küchenmaschine zerhacken und mit dem Mus, den Datteln und dem Ahornsirup zu einer Paste verarbeiten. Das Wasser nach und nach hinzufügen, um die Masse geschmeidiger zu machen. Die Füllung in eine Schüssel geben und kalt stellen.

3. Die Pekannüsse für die Deko in einer beschichteten Pfanne rösten. Dann den Agavendicksaft zufügen und die Nüsse darin wenden, bis sie von einer Karamellschicht überzogen sind. Auf ein Backpapier geben und auskühlen lassen.

4. Die Füllung auf dem Pie-Boden gleichmäßig verteilen und die karamellisierten Nüsse darübergeben.

Honigkuchen

Dieser Kastenkuchen ist die perfekte Begleitung zum Kaffee an jedem Adventsnachmittag.

Für 3 kleine Kuchen

Zutaten

350 g Maismehl

75 g Maisstärke

60 g gemahlene Mandeln

2 TL Backpulver

1 TL Natron

1 TL gemahlener Ingwer

1 Messerspitze Zimt

1 Messerspitze Piment

300 g Honig

150 ml Espresso

4 Eier (Größe M)

80 ml Pflanzenöl

60 g Walnüsse

Schale von 1 Bio-Orange

frischer Ingwer, 2 cm

90 g Rosinen

Außerdem

3 kleine Kastenformen, je 12 cm Länge

Zubereitung

1. Den Ofen auf 180 °C Ober- und Unterhitze vorheizen. Die Kastenformen einfetten und mit Maismehl bestreuen. Maismehl und -stärke mit den gemahlenen Mandeln, dem Backpulver, Natron und den Gewürzen vermischen.

2. Den Honig in einem Topf schmelzen und den Espresso dazugeben. Beides unter ständigem Rühren zu den trockenen Zutaten mischen. Als Nächstes die Eier einrühren, anschließend das Pflanzenöl dazugießen und den Teig glatt rühren.

3. Die Walnüsse grob hacken. Die Orange waschen und die Schale fein abreiben, den Ingwer schälen und ebenfalls reiben. Die drei Zutaten mit den Rosinen unter den Teig heben. Die Masse gleichmäßig auf die drei Formen verteilen und im Ofen 25 Minuten backen. Die Küchlein 30 Minuten in der Form abkühlen lassen, dann mithilfe eines Messers aus den Kastenformen holen und komplett auskühlen lassen.

Schokotorte mit Johannisbeeren

Für noch mehr Weihnachts-Feeling einfach Preiselbeeren statt Johannisbeeren für die Füllung verwenden!

Für **6** Stücke

Für die Böden

180 g Kichererbsenmehl

30 g Pfeilwurzelstärke

30 g ungesüßtes Kakaopulver

1 TL Natron

½ TL Vanillepulver, Salz

100 g Ahornsirup

80 ml Pflanzenöl (z. B. Sonnenblumen- oder Kokosöl)

60 ml Aquafaba (Kichererbsenflüssigkeit)

120 ml Reismilch

Für die Füllung

2 EL Ahornsirup

1 Messerspitze Vanillepulver

400 g frische Johannisbeeren

3 EL Chiasamen

Für die Deko

100 g vegane Zartbitterkuvertüre

125 g frische Johannisbeeren

Außerdem

2 Springformen, je ø 12 cm

Sägemesser

Zubereitung

1. Den Ofen auf 180 °C Ober- und Unterhitze vorheizen. Die Springformböden mit Backpapier auskleiden. Für den Teig die trockenen Zutaten, also das Mehl, die Pfeilwurzelstärke (glutenfreies Bindemittel aus dem Bio-Markt), den Kakao, das Natron, die Vanille und 1 Prise Salz vermischen und sieben. In einer anderen Schüssel die restlichen Zutaten bis auf die Milch vermengen und nach und nach unter Rühren zu den trockenen Zutaten gießen. Zum Schluss die Milch unterrühren. Den Teig gleichmäßig auf die beiden Springformen verteilen und im Ofen 25 Minuten backen. Nach dem Backen den Kuchen aus den Formen lösen und mindestens 4 Stunden abkühlen lassen, am besten über Nacht.

2. Für die Füllung 100 ml Wasser, Ahornsirup und Vanillepulver in einem Topf aufkochen. Johannisbeeren dazugeben und bei mittlerer Hitze etwa 5 Minuten köcheln lassen. In eine Schüssel umfüllen, abkühlen lassen und die Chiasamen hinzufügen. Die Marmelade mindestens 1 Stunde abgedeckt im Kühlschrank ruhen lassen.

3. Die Kuchen jeweils mit einem Sägemesser längs halbieren. Einen der Böden auf eine Tortenplatte legen und mit 2 Esslöffel der Johannisbeermarmelade bestreichen. Einen weiteren Boden darauflegen. So fortfahren und die Böden abwechselnd mit der Marmelade stapeln. Der oberste sollte die nicht zugeschnittene Oberseite sein. Den Kuchen 30 Minuten kalt stellen.

4. In der Zwischenzeit die Kuvertüre grob hacken und über einem Wasserbad schmelzen. Dann gleichmäßig über den Kuchen gießen, sodass die Oberfläche bedeckt ist und die Schokolade an den Seiten herunterläuft. Die Johannisbeeren waschen und zum Schluss als Deko auf der erkalteten Schokolade platzieren.

Les Petits

Wer in der Weihnachtszeit auch zwischendurch gerne eine süße Stärkung genießt,
findet unter diesen Superfood-Kleinigkeiten bestimmt genau das Richtige!

Laddu

Das ayurvedische Kichererbsenkonfekt Laddu stammt aus Indien. Diese vegane Version wird zu DEM Geschmackserlebnis in deiner Pralinenbox!

Für **30** Stück

Zutaten

160 g Kokosöl

200 g Kichererbsenmehl

1 Messerspitze gemahlener Kardamom

1 Messerspitze Zimt

1 Messerspitze gemahlener Ingwer

5 EL Agavendicksaft

50 g Kokosraspeln

50 g Sesamsamen

Zubereitung

1. Das Kokosöl in einer Pfanne schmelzen. Das Kichererbsenmehl in einem Schwung dazugeben und vermischen. Dann bei mittlerer Hitze unter ständigem Rühren mit einem Holzlöffel etwa 10 Minuten rösten. Die Masse sollte Blasen werfen und am Ende ihre Farbe leicht ändern.

2. Nach dem Rösten die Pfanne vom Herd nehmen und die Gewürze sowie den Agavendicksaft unterrühren. Das klebrige Konfekt in eine Schüssel füllen oder auf ein Backpapier geben und mindestens 1 Stunde im Kühlschrank aushärten lassen.

3. Je eine Schale mit Kokosraspeln und eine mit Sesamsamen bereitstellen. Dann aus der Kichererbsenmasse 30 haselnussgroße Kügelchen formen und diese jeweils in einer der beiden Schalen wälzen. Für eine besonders edle Präsentation die Laddus in kleine Pralinenförmchen setzen.

Petits Fours mit Matcha

Santa Baby! Diese süßen kleinen Superfood-Küchlein würden bestimmt auch Santa Claus von einem gesunden Ernährungsstil überzeugen!

Für **20** Stück

Für den Teig

70 g Kokosöl (und etwas mehr zum Einfetten)
50 g gemahlene Mandeln
50 g Dinkelvollkornmehl
1 TL Backpulver
5 g Matchapulver
4 Eiweiß
100 g Honig

Für das Topping

100 g griechischer Joghurt
15 g Honig
20 Himbeeren

Außerdem

Backform für Petits Fours
(z. B. aus Silikon)

Zubereitung

1. Den Ofen auf 170 °C Ober- und Unterhitze vorheizen. Die Backform, wenn sie nicht aus Silikon ist, mit Kokosöl einfetten. Die gemahlenen Mandeln mit dem Dinkelmehl, dem Backpulver und dem Matchapulver vermischen. Das Kokosöl schmelzen und gleichmäßig dazugießen. Die Eiweiße unterrühren. Zum Schluss den Honig dazugeben.

2. Den Teig gleichmäßig auf die Formen verteilen, sodass sie zu drei Vierteln gefüllt sind. Die Küchlein im Ofen etwa 20 Minuten backen, bis die Oberfläche leicht goldfarben ist. Die genaue Backzeit ist abhängig von der Größe der Petits Fours. Anschließend abkühlen lassen und aus der Form lösen.

3. Den griechischen Joghurt mit dem Honig verrühren. Die Himbeeren waschen. Auf jedes Küchlein einen Joghurttupfer geben, eine Himbeere draufdrücken und die Spitze der Himbeere mit ein bisschen Joghurt als Bommel verzieren. Nun tragen die kleinen Küchlein eine beerige Nikolausmütze.

Schokoladenorangen

Die wichtigsten Vitamine und Mineralstoffe sind in diesem Snack enthalten. Auch als Deko machen sich die getrockneten Orangenscheiben gut.

Für **30** Stück

Zutaten

50 g Birkenzucker
3 Orangen
100 g vegane Zartbitterkuvertüre
1 TL Kokosöl
1 EL Chiasamen
1 EL Kokosraspeln
1 EL Chiliflocken

Außerdem

Silikonbackmatte

Zubereitung

1. Den Ofen auf 80 °C Umluft vorheizen. Den Birkenzucker mit 100 ml Wasser aufkochen, bis sich der Zucker aufgelöst hat.

2. Die Orangen mit einem Messer schälen, sodass keine weiße Haut mehr vorhanden ist. Dann jede Orange in etwa zehn sehr dünne Scheiben schneiden. Diese, falls nötig, ein wenig abtupfen und jede Scheibe kurz in den vorbereiteten Sirup tunken. Auf einer Silikonbackmatte für 1,5 Stunden im Ofen trocknen.

3. Die Kuvertüre fein hacken und über einem Wasserbad mit dem Kokosöl schmelzen. Die getrockneten Orangenscheiben abkühlen und dann jeweils zur Hälfte in die Schokolade tunken. Auf ein Backpapier legen und jeweils ein Drittel mit Chiasamen, ein Drittel mit Kokosraspeln und ein Drittel mit Chiliflocken bestreuen. Im Kühlschrank 30 Minuten aushärten lassen. Dann kühl und trocken lagern.

Tipp: Anstatt der Orangen lassen sich natürlich auch andere Früchte gut trocknen. Wie wäre es zum Beispiel mit Apfelchips, die anschließend mit Zimt bestreut werden?

Cranberry-Chia-Aufstrich

Dieser säuerliche, frische Aufstrich macht sich nicht nur gut auf Brot oder im Müsli, sondern ist auch eine wunderbare Plätzchen- und Kuchenfüllung.

Für **1** Glas (230 ml)

Zutaten

1 Bio-Orange
250 g frische Cranberrys
½ Vanilleschote
80 g Kokosblütenzucker
½ Zimtstange
2 EL Chiasamen

Außerdem

Einweckglas (230 ml)

Zubereitung

1. Das Einweckglas in heißem Wasser sterilisieren. Die Orange mit einem Sparschäler schälen und anschließend den Saft auspressen. Die Cranberrys waschen und in einen Topf zusammen mit dem Orangensaft und 50 ml Wasser geben. Die Vanilleschote längs halbieren und das Mark auskratzen.

2. Den Kokosblütenzucker, die Orangenschale, die Vanilleschote und ihr Mark sowie die Zimtstange ebenfalls hinzufügen. Alles aufkochen lassen und bei mittlerer Hitze etwa 8 Minuten köcheln lassen, bis alle Cranberrys aufgeplatzt sind und eine sämige Fruchtmasse entstanden ist. Vom Herd nehmen und abkühlen lassen.

3. Die Chiasamen unterrühren. Sie dienen als „Geliermittel" in dieser gesunden Marmelade. Zum Schluss in ein verschließbares, sterilisiertes Glas füllen. Der Aufstrich ist im Kühlschrank 1 Woche haltbar.

Schon gewusst: Power-Beere

Cranberrys zählen nicht umsonst zu den Superfoods, denn sie sind das absolute Powerpaket. Ihrem hohen Anteil an Polyphenol und Anthocyan verdanken sie nicht nur ihre leuchtend rote Farbe, sondern diese stärken bei Einnahme auch die Gefäße unseres Herz-Kreislauf-Systems und schützen so die Zellen unseres Körpers. Mit einem hohen Eisengehalt sind sie auch die ideale Frucht für Vegetarier und Veganer. Vor allem sind Cranberrys aber der Vitamin-Lieferant schlechthin. Gerade der Gehalt von Vitamin C und der von Vitamin A liegen weit über dem Durchschnitt!

Mandarinenmarmelade

Mandarinen gehören nicht nur in den Nikolausstiefel, sondern können auch gut zu einer leckeren Marmelade verarbeitet werden.

Für ca. 4 Gläser (230 ml)

Zutaten

1 kg Bio-Mandarinen
300 ml Agavendicksaft
1 Zitrone
15 g Apfelpektin

Außerdem

Einweckgläser (230 ml)
Schaumlöffel
Pürierstab

Zubereitung

1. Die Gläser in heißem Wasser sterilisieren. Die Mandarinen zum Säubern 10 Minuten kochen, kurz abkühlen lassen, dann halbieren und alle Kerne entfernen. Die Früchte über einem großen Topf auspressen, dann die Schalen sowie den Agavendicksaft und 100 ml Wasser dazugeben. Kurz aufkochen lassen. Wer mag, lässt den Topf nun für mindestens 4 Stunden oder am besten über Nacht zugedeckt stehen, damit der Sirup austreten kann.

2. Die Mandarinen danach weitere 30 Minuten weich kochen. Den entstehenden Schaum dabei immer wieder abschöpfen. Die Zitrone auspressen.

3. Die Mandarinenmasse mit dem Pürierstab mixen und das Pektin sowie den Saft der Zitrone hinzufügen. Weitere 10 Minuten köcheln lassen, bis die Marmelade geliert. Dann sofort in die vorbereiteten Gläser füllen und verschließen. Der Aufstrich ist ungefähr 2 Monate im Kühlschrank haltbar.

Sesamkonfekt

Sesam, gehüllt in Kokosblüten-Karamell: Schon mal diese orientalisch anmutenden kleinen Ecken probiert? Ein veganer Genuss!

Für **16** Stück

Zutaten

Mark von 1 Vanilleschote
100 g Kokosblütenzucker
½ TL Zimt
180 g ungeschälte Sesamsamen
50 g vegane Zartbitterschokolade

Außerdem

Teigrolle

Zubereitung

1. Die Vanilleschote längs halbieren und das Mark auskratzen. Den Kokosblütenzucker mit 100 ml Wasser in einen größeren, unbeschichteten Topf geben, das Vanillemark und den Zimt hinzufügen und alles aufkochen lassen.

2. Sobald der Sirup kocht, die Sesamkörner untermischen. Unter konstantem Rühren den Sesam etwa 8 Minuten im Topf karamellisieren, bis sich ein klebriges Karamell gebildet hat, das die Samen zusammenhält. Vorsicht aber, dass die Masse nicht verbrennt! Wenn die gewünschte Konsistenz erreicht ist, das Sesamkonfekt sofort auf ein Backpapier geben. Mit einem zweiten Backpapier abdecken und das noch warme Karamell 3 mm dünn ausrollen. 15 Minuten bei Zimmertemperatur erkalten lassen.

3. Anschließend das obere Backpapier vom Karamell abziehen und mit einem großen Messer acht Quadrate aus dem Konfekt schneiden und diese jeweils halbieren, um 16 Dreiecke zu erhalten.

4. Die Zartbitterschokolade grob hacken und über einem Wasserbad schmelzen. Vom Herd nehmen und wieder etwas erkalten lassen, bis die Schokolade eine dickflüssigere Konsistenz hat. Dann mit einem Teelöffel die Schokolade in Fäden über die Sesamecken träufeln lassen. Sobald die Schokolade fest geworden ist, ist das Konfekt fertig!

Peanut Butter Cubes

Peanut Butter und Schokolade sind eine wahre Gewinnerkombination und die perfekte Kleinigkeit für zwischendurch oder nach dem Weihnachtsessen.

Für **25** Würfel

Für die Cubes

170 g Peanut Butter („crunchy")
35 g Agavendicksaft
Salz
60 g Kokosnussmehl

Für die Ummantelung

150 g vegane Zartbitterkuvertüre
1 TL Kokosöl
25 Erdnüsse
1 EL Agavendicksaft

Außerdem

Teigrolle
Pralinengabel
25 Pralinenförmchen

Zubereitung

1. Die Peanut Butter in einer Schüssel mit dem Agavendicksaft und 1 Prise Salz vermischen. Nach und nach das Kokosnussmehl dazugeben, bis eine Konsistenz erreicht ist, die sich gut formen lässt. Je nach Peanut-Butter-Sorte kann es sein, dass auch etwas weniger Mehl ausreichend ist.

2. Die Masse zwischen zwei Lagen Backpapier auf ein Brett geben und eckig ausrollen. Die Erdnusspaste sollte noch etwa 2 cm hoch sein. Die Platte nun mindestens 30 Minuten einfrieren, damit sie sich nachher gut schneiden lässt und sich die Würfel nicht verformen.

3. In der Zwischenzeit die Kuvertüre für die Ummantelung grob hacken und zusammen mit dem Kokosöl über einem Wasserbad schmelzen. Die Erdnüsse in einer beschichteten Pfanne rösten, dann den Agavendicksaft hinzufügen und kurz karamellisieren. Auf ein Backpapier geben, die Nüsse im noch warmen Zustand voneinander trennen und anschließend erkalten lassen.

4. Die gefrorene Peanut-Butter-Masse in 2 x 2 cm große Quadrate schneiden. Die Würfel einzeln auf eine Pralinengabel stecken, in die flüssige Schokolade tunken, anschließend zurück auf das mit Backpapier belegte Brett geben und mit einer karamellisierten Erdnuss versehen. Die Peanut Butter Cubes im Kühlschrank aushärten lassen und abschließend in Pralinenförmchen geben. Kühl und trocken lagern.

Dattel-Feigen-Häppchen

Die Süße der Datteln und Feigen verzaubert jeden in der kalten Winterzeit!

Für **20** Stück

Für die Nuss-Schicht

100 g Paranüsse
100 g Cashewkerne
140 g Kokosraspeln
8 Soft-Datteln
1 EL Kokosöl
Salz

Für die Dattel-Feigen-Schicht

Schale von 1 Bio-Orange
200 g Soft-Datteln
100 g Soft-Feigen
4 EL Dattelsirup
1 Messerspitze Vanillepulver
1 Messerspitze Zimt

Außerdem

Universal-Küchenmaschine
Teigrolle

Zubereitung

1. Die Nüsse mit den Kokosraspeln und Datteln für die Nuss-Schicht in die Küchenmaschine geben und zerkleinern. Das Kokosöl und 1 Prise Salz dazugeben. Die Hälfte des Teigs zwischen zwei Lagen Backpapier auf ein Backblech geben, zu einem 15 x 20 cm großen Rechteck ausrollen und mindestens 1 Stunde kalt stellen. Die andere Hälfte bei Zimmertemperatur beiseitestellen.

2. Für die Dattel-Feigen-Schicht die Orange waschen, trocken reiben und die Schale fein abreiben. Die Zesten mit dem Trockenobst, dem Sirup, der Vanille und dem Zimt in der Küchenmaschine zu einer Paste verarbeiten. Die Masse auf das gekühlte Nuss-Rechteck geben und gleichmäßig darauf verstreichen.

3. Die zweite Hälfte des Nussbodens in Bröseln auf die Dattelschicht drücken. Erneut für mindestens 30 Minuten kalt stellen. Dann das Rechteck in 3 x 5 cm große Häppchen schneiden. Die Schnitten am besten kühl vernaschen.

Christmas Bark

Dieser Schokoladen-Joghurt-Bruch leuchtet in den Weihnachtsfarben Rot, Grün und Weiß und erfreut so alle, die auch in der Adventszeit mal eine Erfrischung brauchen!

Für **10** Stück

Zutaten

150 g Zartbitterschokolade
350 g griechischer Joghurt
2 TL Honig
½ Granatapfel
40 g Pistazien

Zubereitung

1. Die Schokolade grob hacken und über einem Wasserbad schmelzen. Ein Backblech oder ein Brett mit Backpapier belegen, die Schokolade daraufgießen und verstreichen, sodass eine gleichmäßige, dünne Schicht entsteht. 15 Minuten trocknen lassen.

2. In der Zwischenzeit den Joghurt mit dem Honig mischen. Die Kerne aus dem Granatapfel lösen und die Pistazien grob hacken. Den Joghurt vorsichtig auf die Schokolade geben und verstreichen, bis er die dunkle Schicht komplett bedeckt. Dann die Granatapfelkerne und Pistazien über den Joghurt streuen und leicht andrücken. Den Bark mindestens 24 Stunden einfrieren.

3. Anschließend kann man die Schokotafel in grobe Stücke brechen. Der kleine Frozen-Yogurt-Bruch ist der ideale Snack für zwischendurch!

Schon gewusst: Die Heilkräfte des Granatapfels

Die Frucht mit den aromatischen, roten Kernen gilt im Orient als Symbol der Unsterblichkeit und man schreibt ihr nicht erst seit gestern Superkräfte zu. Wie Cranberrys enthalten auch Granatäpfel neben vielen Vitaminen und Mineralien die sekundären Pflanzenstoffe Polyphenole, welche die Zellen in unserem Körper vor schädlichen Einflüssen schützen. Sie können außerdem den Blutzuckerspiegel stabilisieren und Entzündungen hemmen.

Haselnuss-Rochers

Haselnüsse gibt es nicht nur für Aschenbrödel, auch in diesen selbstgemachten Schokoladen-Rochers sind sie der Star!

Für **20** Stück

Zutaten

150 g vegane Zartbitterkuvertüre
150 ml Haselnussmilch
1 EL starker Espresso
30 ml Ahornsirup
200 g Haselnussmus
125 g Haselnusskerne

Zubereitung

1. Die Kuvertüre fein hacken und in eine Schüssel geben. Die Haselnussmilch sowie den Espresso aufkochen und heiß über die Schokolade gießen. Verrühren, bis sich die Schokolade aufgelöst hat und eine samtige Ganache entstanden ist. Dann den Ahornsirup und das Haselnussmus untermischen. Die Schokoladenmasse mindestens 4 Stunden, am besten über Nacht, kalt stellen.

2. 20 Haselnusskerne beiseitelegen, die restlichen fein hacken und in eine Schüssel geben. Aus der fest gewordenen Ganache 20 runde Pralinen formen und eine Nuss in die Mitte einarbeiten.

3. Die Kugeln anschließend in den gehackten Haselnüssen wälzen, bis sie von außen komplett damit bedeckt sind. Die Rochers nochmal 30 Minuten in den Kühlschrank stellen und anschließend den Gästen oder sich selbst eine kleine Freude machen.

Tipp: Wer ein wenig Abwechslung mag, ersetzt die Haselnussmilch und das Haselnussmus durch Mandelmilch und Mandelmus, versteckt eine Mandel in der Mitte und wälzt die Bällchen in Rote-Bete-Pulver!

Desserts

Ein tolles Dessert setzt jedem Weihnachtsessen das Krönchen auf.
Ein paar leichte und leckere Varianten für den perfekten Abschluss.

Maronen-Mousse

Wenn sich das Jahr dem Ende zuneigt, sollte man nochmal genießen, was die tolle Jahreszeit zu bieten hat: Edelkastanien lassen Herzen höher schlagen.

Für **4** Gläser

Für die Mousse

400 ml vegane Schlagcreme (Sahne)
3 g Agar-Agar
250 g Maronen, vorgegart
30 g Agavendicksaft
1 EL Rum
½ TL Vanillepulver

Für die Deko

Schale von 1 Bio-Orange
20 g Rohrohrzucker
80 g Haselnusskerne
20 g Agavendicksaft

Außerdem

Pürierstab oder Mixer
Rührgerät
4 Dessertgläser

Zubereitung

1. Zunächst 100 ml von der Schlagcreme mit dem Agar-Agar vermischen und dann mit den Maronen pürieren. Die Masse in einen Topf umfüllen, den Agavendicksaft, den Rum sowie die Vanille unterrühren und aufkochen lassen. 2 Minuten unter ständigem Rühren köcheln lassen, anschließend in eine Schüssel umfüllen und abkühlen lassen.

2. Mithilfe des Rührgeräts die restlichen 300 ml Schlagcreme aufschlagen. Das kann bei veganer Sahne schon mal 10 Minuten dauern. Diese dann zu einem Drittel unter den Teig rühren, den Rest anschließend vorsichtig unterheben. Die Mousse in die Dessertgläser füllen und im Kühlschrank mindestens 1 Stunde kalt stellen.

3. Für die Deko die Orange waschen und abtrocknen. Mit einem Sparschäler die Schale dünn abschälen und in feine Streifen schneiden. Diese in einem Topf mit Wasser 2 Minuten blanchieren, abgießen und abtrocknen. Im Rohrohrzucker wälzen.

4. Die Haselnusskerne grob hacken und in einer Pfanne rösten. Den Agavendicksaft dazugießen und die Nüsse 2 Minuten lang unter Rühren karamellisieren. Zum Abkühlen auf einem Backpapier verteilen. Die Mousse mit den Nüssen und den Orangenschalen anrichten.

Kirsch-Pflaumen-Crumble

Wenn es draußen kalt wird, wärmt dich dieser fruchtige Crumble von innen wieder auf!

Für 6 Stück

Für den Crumble-Teig

40 g Walnusskerne
70 g Dinkelmehl
50 g Vollrohrzucker
50 g Kokosöl
½ TL Zimt

Für das Fruchtkompott

3 Pflaumen
12 Kirschen
2 EL Vollrohrzucker

Außerdem

6 ofenfeste Förmchen

Zubereitung

1. Den Ofen auf 180 °C Ober- und Unterhitze vorheizen. Die Walnusskerne fein hacken und mit dem Dinkelmehl, dem Vollrohrzucker, dem Kokosöl sowie dem Zimt in einer Schüssel mischen. Den Teig zu einem Crumble zerbröseln.

2. Die Pflaumen und Kirschen waschen, die Pflaumen entkernen und achteln, die Kirschen entkernen und halbieren.

3. 200 ml Wasser mit dem Vollrohrzucker aufkochen lassen, die Früchte hinzufügen und 2 Minuten bei mittlerer Temperatur köcheln lassen. Dann das Obst mitsamt der Flüssigkeit auf die Förmchen verteilen und den Crumble gleichmäßig darüberstreuen. Die Desserts 15 Minuten im Ofen backen, bis der Crumble leicht Farbe annimmt. Noch heiß servieren.

Tipp: Dieses Crumble-Rezept funktioniert auch sehr gut mit anderen Früchten, zum Beispiel Äpfeln oder Birnen!

Kokos-Pannacotta mit Feigen

Für eine weiße Weihnacht serviert euren Gästen am Heiligabend diese Schneeflocken-Pannacotta!

Für **6** Stück

Zutaten

400 ml cremige Kokosmilch (mindestens 70 %)

200 ml vegane Schlagcreme (Sahne)

1 ½ TL Agar-Agar

100 ml Ahornsirup

3 Feigen

6 Zweige Rosmarin

1 EL Rohrohrzucker, nach Belieben

Außerdem

Sieb

Schneeflocken-Silikonform

Zubereitung

1. Die Kokosmilch und die Sahne mit dem Agar-Agar und 70 ml von dem Ahornsirup in einem großen Topf vermischen. Alles aufkochen und dann 2–3 Minuten unter ständigem Rühren weiterköcheln lassen. Vom Herd nehmen und die Flüssigkeit durch ein Sieb in einen Messbecher passieren. Die Silikonformen bis oben hin damit füllen. Im Kühlschrank mindestens 4 Stunden, am besten über Nacht, gelieren lassen.

2. Kurz vor dem Servieren, die Feigen waschen und achteln. Den restlichen Ahornsirup in einer unbeschichteten Pfanne bei hoher Temperatur erhitzen und die Feigenspalten von jeder Seite 1 Minute karamellisieren.

3. Die Pannacotta aus der Form lösen und jeweils auf einen Dessertteller geben. Mit Feigen und Ahornsirup dekorieren. Zum Schluss mit einem Zweig Rosmarin verzieren. Übrigens: Für ein bisschen Schnee auf dem Rosmarin muss man ihn nur leicht nass machen und dann in Rohrohrzucker wälzen!

Rote-Bete-Schoko-Gläschen

Die Kombination aus Rote Bete und Schokolade ist außergewöhnlich, aber gerade für alle, die auch mal etwas Neues ausprobieren wollen, ein Hit!

Für **4** Gläser

Für den Biskuit

2 Eier (Größe M)
60 g Zartbitterschokolade
50 g Kokosöl
50 g Vollrohrzucker
50 g Dinkelvollkornmehl

Für die Schokocreme

2 Avocados
Mark von ½ Vanilleschote
20 g ungesüßtes Kakaopulver
30 g Agavendicksaft
100 ml Mandelmilch

Für die Rote-Bete-Schicht

1 Bio-Orange
150 g Rote Bete, vorgekocht (und etwas mehr für die Deko)
30 g Agavendicksaft
Mark von ½ Vanilleschote
2 TL Rote-Bete-Pulver

Außerdem

4 Dessertgläser, Pürierstab oder Mixer

Zubereitung

1. Den Ofen auf 180 °C Ober- und Unterhitze vorheizen. Für den Biskuit die Eier trennen und das Eiweiß aufschlagen. Die Schokolade fein hacken und mit dem Kokosöl über einem Wasserbad schmelzen. Das Eigelb mit dem Vollrohrzucker schlagen, dann die abgekühlte Schokoladenmischung unterziehen. Das Dinkelvollkornmehl dazugeben. Zum Schluss das Eiweiß vorsichtig unterheben.

2. Die Masse auf einem mit Backpapier belegten Backblech etwa 5 mm dünn verstreichen und im Ofen 15 Minuten im unteren Drittel backen. Den Boden auf ein Kuchengitter ziehen und auskühlen lassen. Dann vier Kreise im Durchmesser der Gläser ausstechen. Den Rest des Biskuits zerbröseln. Wer den Biskuit weglässt, erhält übrigens ein veganes und glutenfreies Dessert!

3. Für die Schokocreme die Avocados schälen und entsteinen. Eine ganze Vanilleschote der Länge nach halbieren, das Mark auskratzen und die Hälfte für die Rote-Bete-Schicht beiseitelegen. Das Avocadofruchtfleisch, die andere Hälfte des Vanillemarks, das Kakaopulver, den Agavendicksaft und die Mandelmilch zusammen fein pürieren.

4. Für das Rote-Bete-Püree die Orangenschale fein abreiben und den Saft auspressen. Die Rote Bete in kleine Stücke schneiden und in einem Topf mit dem Orangensaft und der -zeste, dem Agavendicksaft und der zurückgelegten Hälfte des Vanillemarks aufkochen. Vom Herd nehmen und pürieren, dann das Rote-Bete-Pulver unterrühren.

5. Alles gleichmäßig in die Gläser schichten: Angefangen mit einer Schicht Schokocreme, gefolgt von Püree, dann ein Biskuitboden, dann wieder Püree und Schokocreme. Zum Schluss wird das Ganze mit den Biskuitbröseln gekrönt. Wenn noch Rote Bete übrig ist, kann man sie in schmale Scheiben schneiden und kleine Figuren als Deko ausstechen.

Kardamom-Zimt-Eis mit Pflaumenkompott

Diese Kombination ist in der kalten Jahreszeit einfach unschlagbar: Pflaumen und Zimt sind ein Muss für alle Weihnachtsliebhaber.

Für ca. 6 Portionen

Für das Eis

400 ml Kokoscreme (70 %)

350 ml Mandelmilch

1 ½ TL Kardamom

1 TL Zimt

Salz

100 ml Ahornsirup

50 ml Dattelsirup

Für das Kompott

4 Pflaumen

30 ml Dattelsirup

1 Zimtstange

2 Nelken

Nach Belieben

20 ml Ahornsirup für die Deko

10 ml Dattelsirup für die Deko

20 g Pekannüsse

Außerdem

Pürierstab oder Mixer

Sieb, gefrierfeste Schüssel oder Form, Eismaschine

Zubereitung

1. Die Kokoscreme mit der Mandelmilch, den Gewürzen sowie 1 Prise Salz und den beiden Sirups in einem großen Topf aufkochen und unter Rühren 5 Minuten kochen lassen. Die cremige Masse pürieren, durch ein Sieb in eine Schüssel passieren und mindestens 4 Stunden, am besten über Nacht, kalt stellen. Eine gefrierfeste, leere Schüssel oder Form in das Gefrierfach stellen.

2. Nach der Kühlzeit die Kokos-Milch-Mischung in die Eismaschine füllen und 45 Minuten zu Eis verarbeiten. Dann sofort in die zuvor gefrorene Form füllen und das Eis wieder mindestens 30 Minuten gefrieren lassen.

3. In der Zwischenzeit die Pflaumen waschen, entkernen und achteln. 120 ml Wasser mit dem Dattelsirup, der Zimtstange und den Nelken aufkochen, die Pflaumenspalten dazugeben und 8 Minuten bei mittlerer Hitze köcheln lassen.

4. Das Eis zusammen mit dem Kompott servieren. Wer mag, mischt etwas Ahornsirup mit Dattelsirup und beträufelt das Eis damit. Grob gehackte Pekannüsse, die abschließend darübergestreut werden, geben dem Dessert noch den letzten Biss.

Schokoladen-Dattel-Sorbet

Schön schokoladig und mit der Süße der Dattel macht sich dieses Sorbet nicht nur gut als Beilage zum weihnachtlichen Kuchen oder Dessert. Man kann es auch wunderbar im Sommer genießen.

Für ca. **4** Portionen

Zutaten

200 g Dattelsüße
75 g ungesüßtes Kakaopulver
150 g vegane Zartbitterschokolade
Salz

Außerdem

Pürierstab oder Mixer
Sieb
Eismaschine
Gefrierfeste Schüssel oder Form

Zubereitung

1. 400 ml Wasser mit der Dattelsüße und dem Kakaopulver aufkochen und 5 Minuten weiterkochen lassen. Die Zartbitterschokolade fein hacken und in eine größere Schüssel füllen.

2. Die heiße Flüssigkeit über die Schokolade geben und umrühren, bis diese sich auflöst. Weitere 100 ml Wasser und 1 Prise Salz hinzugeben, alles pürieren und durch ein Sieb passieren. Mindestens 4 Stunden, am besten über Nacht, kalt stellen. Eine gefrierfeste Schüssel oder Box in das Gefrierfach stellen.

3. Abschließend die Masse in die Eismaschine füllen und zu einem cremigen Sorbet verarbeiten. In die zuvor gefrorene Schüssel oder Box füllen und erneut mindestens 30 Minuten einfrieren, danach ist es endlich verzehrbereit.

Apfelküchle

Die „Balanced-Variante" der Apfelküchlein wird in Kokosöl ausgebacken.
Mit dem Zimtzucker am Ende muss trotzdem nicht gespart werden!

Für **4** Portionen

Zutaten

4 Äpfel
70 g Mandelmehl
20 g Kokosmehl
25 g Birkenzucker (und etwas mehr zum Bestreuen)
Salz
2 Eier (Größe M)
75 ml Mandelmilch
Kokosöl
1 TL Zimt

Zubereitung

1. Die Äpfel schälen, das Kerngehäuse entfernen und sie in etwa 1 cm breite Ringe schneiden.

2. Das Mandelmehl mit dem Kokosmehl, dem Birkenzucker und 1 Prise Salz vermischen. Die Eier trennen und das Eiweiß aufschlagen. Mandelmilch und Eigelb unter die trockenen Zutaten mischen, dann das Eiweiß unterheben.

3. Die Apfelringe in den Teig tauchen, sodass sie gut von allen Seiten bedeckt sind, und abtropfen lassen. In einer Pfanne eine gute Menge Kokosöl bei mittlerer Hitze erwärmen und die Apfelküchle darin ausbacken. Den Zimt mit 2 Esslöffeln Birkenzucker vermischen und die noch warmen Ringe damit bestreuen. Sofort servieren!

Roasted Pears

Ein einfacher, fruchtiger Nachtisch mit wenigen Zutaten, aber großer Wirkung: Zeit, sich auf die wichtigen Sachen zu besinnen!

Für **6** Hälften

Zutaten

3 Birnen
2 EL Agavendicksaft
150 g Pekannüsse
50 g kandierter Ingwer
Mark von 1 Vanilleschote
½ TL Zimt

Zubereitung

1. Den Ofen auf 200 °C Ober- und Unterhitze vorheizen. Die Birnen waschen, halbieren und das Kerngehäuse entfernen. Von allen Seiten mit etwas Agavendicksaft einpinseln und alle nebeneinander, mit der Schnittfläche nach unten auf einem Backblech in den Ofen schieben. 20 Minuten backen, bis die Birnen weich sind.

2. In der Zwischenzeit für die Füllung die Pekannüsse und den kandierten Ingwer in kleine Stücke hacken. Die Vanilleschote längs halbieren, das Mark auskratzen und mit dem Zimt zur Nuss-Ingwer-Mischung geben. Wenn die Birnen aus dem Ofen kommen, die Hälften vorsichtig aushöhlen, es sollte ein stabiler Rand stehen bleiben.

3. Das Fruchtfleisch fein zerhacken bzw. zerdrücken und mit dem restlichen Agavendicksaft unter die Füllung mischen. Die Birnenhälften nun großzügig mit der Masse befüllen und am besten noch warm servieren. Für Nachzügler oder Nachschlag können die gefüllten Birnen noch einige Zeit im Ofen warm gehalten werden.

Fondant au Chocolat

Ein wahrer Klassiker unter den Desserts, der sich auch an der Weihnachtstafel gut macht. Dank gesunder Fette wird er zum Liebling für alle, die nicht auf Schokolade verzichten wollen.

Für **4** Personen

Zutaten

50 g Kokosöl (und etwas mehr zum Fetten der Förmchen)

100 g Zartbitterschokolade (mindestens 65 % Kakaoanteil)

50 g Mandelmus

3 Eier (Größe M)

40 g Vollrohrzucker

Vanillepulver

Salz

50 g Mandeln, gemahlen

Außerdem

4 ofenfeste Förmchen

Zubereitung

1. Den Backofen auf 200 °C Ober- und Unterhitze vorheizen. Die Förmchen mit etwas Kokosöl einfetten. Die Zartbitterschokolade grob hacken und über einem Wasserbad zusammen mit dem Kokosöl und dem Mandelmus langsam schmelzen. Die Eier mit dem Zucker sowie je 1 Prise Vanillepulver und Salz vermischen. Die Schokoladenmischung langsam unter ständigem Rühren zu den Eiern gießen. Als Letztes die gemahlenen Mandeln unterheben.

2. Den Teig gleichmäßig auf die vier Formen verteilen. Auf der mittleren Schiene im Ofen je nach Größe etwa 10–12 Minuten backen. Die Backzeit variiert dabei abhängig von der Förmchengröße. Die Schokoladenküchlein sollten letztendlich von außen knusprig gebacken sein und innen einen flüssigen Kern haben.

3. Die Fondants am besten sofort servieren. Wer mag, kann auch mithilfe eines kleinen Messers den Kuchen vom Förmchenrand lösen, stürzen und ihn auf einem Dessertteller anrichten. Für eine doppelte Ladung Schokolade kann man dazu auch wunderbar eine Kugel des Schokoladen-Dattel-Sorbets von Seite 86 reichen!

Tipp: Experimentierfreudige tauschen zum Beispiel einfach das Mandelmus gegen Haselnussmus und nehmen gemahlene Haselnüsse anstelle der Mandeln oder probieren sich an ganz anderen Nusssorten.

Register

A
Äpfel 19, 45, 48, 79, 87
Apfelküchle 87
Apfeltarte 48
Aprikosen 30, 45
Aquafaba 20, 53

B
Birnen 4, 12, 42, 79, 89

C
Cashewkerne 49, 69
Chiasamen 12, 31, 53, 60, 62
Chiliflocken 60
Chocolate Chip Cookies 27
Christmas Bark 71
Cocoa Crinkle Cookies 19
Cranberry 4, 29, 32, 62
Cranberry-Chia-Aufstrich 62
Cranberry-Kokos-Energie-Bällchen 29
Cranberrys 12, 29, 45, 62, 71

D
Dattel-Açai-Energie-Bällchen 30
Dattel-Feigen-Häppchen 69
Datteln 11, 30, 42, 49, 69
Dried-Fruit-Muffins 45

E
Erdmandeln 45
Erdnüsse 31, 66
Espresso 51, 73

F
Feigen 4, 69, 80
Fondant Au Chocolat 91

G
GLUTENFREI 32
   Apfelküchle 87
   Chocolate Chip Cookies 27
   Christmas Bark 71
   Cranberry-Chia-Aufstrich 62
   Cranberry-Kokos-Energie-Bällchen 29
   Dattel-Açai-Energie-Bällchen 30
   Dattel-Feigen-Häppchen 69
   Dried-Fruit-Muffins 45
   Fondant Au Chocolat 91
   Haselnuss-Rochers 73
   Honigkuchen 51
   Kakao-Birnen-Torte 42
   Kardamom-Zimt-Eis mit Pflaumenkompott 84
   Kokosmakronen 22
   Kokos-Pannacotta mit Feigen 80
   Laddu 56
   Linzer Sterne 32
   Mandarinenmarmelade 63
   Maronen-Mousse 76
   Orangen-Ingwer-Stangen 35
   Pecan Pie 49
   Peanut Butter Cubes 66
   Pistazienküsschen 24
   Pumpkin Pie 46
   Roasted Pears 89
   Schoko-Chia-Energie-Bällchen 31
   Schokoladen-Dattel-Sorbet 86
   Schokoladenorangen 60
   Schokotorte mit Johannisbeeren 53
   Sesamkonfekt 65
   Vanillekipferl 23
   Zimtsterne 20
Gojibeeren 12, 31
Granatapfel 12, 71

H
Haselnuss-Rochers 73
Hokkaido-Kürbis 46
Honigkuchen 51

I
Ingwer 4, 12, 17, 35, 46, 51, 56, 89

J
Joghurt, griechischer 59, 71
Johannisbeeren 4, 53

K
Kakao 4, 12, 19, 31, 42, 53
Kakao-Birnen-Torte 42
Kakaopulver 42, 53, 83, 86
Kardamom-Zimt-Eis mit Pflaumenkompott 84
Kirschen 41, 79
Kirsch-Pflaumen-Crumble 79
Kokos 22, 29, 46, 69
Kokosmakronen 22
Kokos-Pannacotta mit Feigen 80
Kokosraspeln 22, 29, 46, 56, 60, 69
Kürbis 46

L
Laddu 56
LAKTOSEFREI
   Apfelküchle 87
   Apfeltarte 48
   Chocolate Chip Cookies 27
   Cocoa Crinkle Cookies 19
   Cranberry-Chia-Aufstrich 62
   Cranberry Coconut Energy Balls 29
   Dattel-Açai-Energie-Bällchen 30
   Dattel-Feigen-Häppchen 69

Fondant au Chocolat 91
Haselnuss-Rochers 73
Honigkuchen 51
Kakao-Birnen-Torte 42
Kardamom-Zimt-Eis mit Pflaumenkompott 84
Kirsch-Pflaumen-Crumble 79
Kokosmakronen 22
Kokos-Pannacotta mit Feigen 80
Laddu 56
Lebkuchenplätzchen 17
Mandarinenmarmelade 63
Maronen-Mousse 76
Orangen-Ingwer-Stangen 35
Peanut Butter Cubes 66
Pecan Pie 49
Pumpkin Pie 46
Roasted Pears 89
Rote-Bete-Schokoladen-Gläschen 83
Schoko-Chia-Energie-Bällchen 31
Schokoladen-Dattel-Sorbet 86
Schokoladenorangen 60
Schokotorte mit Johannisbeeren 53
Sesamkonfekt 65
Spekulatius-Cupcakes 41
Süßkartoffel-Zimtschnecken 38
Zimtsterne 20
Lebkuchenplätzchen 17
Linzer Sterne 32
LOW CARB
Cranberry-Chia-Aufstrich 62
Dried-Fruit-Muffins 45
Kokosmakronen 22
Laddu 56
Schokoladenorangen 60
Vanillekipferl 23
Zimtsterne 20

Mandarinen 63
Mandarinenmarmelade 63
Mandeln 20, 23, 24, 29, 30, 35, 38, 42, 46, 48, 51, 59, 91
Maronen-Mousse 76
Matchapulver 12, 59

OHNE BUTTER
Apfelküchle 87
Apfeltarte 48
Chocolate Chip Cookies 27
Cocoa Crinkle Cookies 19
Christmas Bark 71
Cranberry-Chia-Aufstrich 62
Cranberry-Kokos-Energie-Bällchen 29
Dattel-Açai-Energie-Bällchen 30
Dattel-Feigen-Häppchen 69
Fondant Au Chocolat 91
Haselnuss-Rochers 73
Honigkuchen 51
Kakao-Birnen-Torte 42
Kardamom-Zimt-Eis mit Pflaumenkompott 84
Kirsch-Pflaumen-Crumble 79
Kokosmakronen 22
Kokos-Pannacotta mit Feigen 80
Laddu 56
Lebkuchenplätzchen 17
Mandarinenmarmelade 63
Maronen-Mousse 76
Orangen-Ingwer-Stangen 35
Peanut Butter Cubes 66
Pecan Pie 49
Petits Fours mit Matcha 59
Roasted Pears 89
Rote-Bete-Schoko-Gläschen 83
Schoko-Chia-Energie-Bällchen 31
Schokoladen-Dattel-Sorbet 86
Schokoladenorangen 60
Schokotorte mit Johannisbeeren 53
Sesamkonfekt 65
Spekulatius-Cupcakes 41
Zimtsterne 20
OHNE RAFFINIERTEN ZUCKER
Apfelküchle 87
Apfeltarte 48
Chocolate Chip Cookies 27
Christmas Bark 71
Cranberry-Chia-Aufstrich 62

Cranberry-Kokos-Energie-Bällchen 29
Dattel-Açai-Energie-Bällchen 30
Dattel-Feigen-Häppchen 69
Dried-Fruit-Muffins 45
Fondant Au Chocolat 91
Haselnuss-Rochers 73
Honigkuchen 51
Kakao-Birnen-Torte 42
Kardamom-Zimt-Eis mit Pflaumenkompott 84
Kirsch-Pflaumen-Crumble 79
Kokosmakronen 22
Laddu 56
Lebkuchenplätzchen 17
Mandarinenmarmelade 63
Peanut Butter Cubes 66
Pecan Pie 49
Petits Fours mit Matcha 59
Pumpkin Pie 46
Roasted Pears 89
Rote-Bete-Schoko-Gläschen 83
Schoko-Chia-Energie-Bällchen 31
Schokoladen-Dattel-Sorbet 86
Schokoladenorangen 60
Schokotorte mit Johannisbeeren 53
Sesamkonfekt 65
Spekulatius-Cupcakes 41
Süßkartoffel-Zimtschnecken 38
Orange 29, 35, 51, 60, 62, 69, 76, 83
Orangen-Ingwer-Stangen 35
Vanillekipferl 23
Zimtsterne 20

p

Paranüsse 69
Peanut Butter Cubes 66
Pecan Pie 49
Pekannüsse 38, 49, 84, 89
Petits Fours mit Matcha 59
Pflaumen 4, 45, 79, 84
Pistazien 24, 71
Pistazienküsschen 24
Pumpkin Pie 46

Quinoa 31

RAW
　Cranberry-Kokos-Energie-Bällchen 29
　Dattel-Açai-Energie-Bällchen 30
　Dattel-Feigen-Häppchen 69
　Schoko-Chia-Energie-Bällchen 31
Roasted Pears 89
Rosinen 48, 51
Rosmarin 80
Rote Bete 83
Rote-Bete-Pulver 73, 83
Rote-Bete-Schoko-Gläschen 83

Schoko-Chia-Energie-Bällchen 31
Schokoladen-Dattel-Sorbet 86
Schokoladenorangen 60
Schokotorte mit Johannisbeeren 53
Sesamkonfekt 65
Sesamsamen 56, 65
Spekulatius-Cupcakes 41
SUPERFOOD
　Christmas Bark 71
　Cocoa Crinkle Cookies 19
　Cranberry Coconut Energy Balls 29
　Dattel-Açai-Energie-Bällchen 30
　Haselnuss-Rochers 73
　Kakao-Birnen-Torte 42
　Linzer Sterne 32
　Orangen-Ingwer-Stangen 35
　Pecan Pie 49
　Petits Fours mit Matcha 59
　Pistazienküsschen 24
　Rote-Bete-Schokoladen-Gläschen 83

Schoko-Chia-Energie-Bällchen 31
Schokoladenorangen 60
Schokotorte mit Johannisbeeren 53
Süßkartoffel 4, 38
Süßkartoffel-Zimtschnecken 38

Vanillekipferl 23
VEGAN
　Apfeltarte 48
　Cocoa Crinkle Cookies 19
　Cranberry-Chia-Aufstrich 62
　Cranberry Coconut Energy Balls 29
　Dattel-Açai-Energie-Bällchen 30
　Dattel-Feigen-Häppchen 69
　Haselnuss-Rochers 73
　Kakao-Birnen-Torte 42
　Kardamom-Zimt-Eis mit Pflaumenkompott 84
　Kirsch-Pflaumen-Crumble 79
　Kokos-Pannacotta mit Feigen 80
　Laddu 56
　Mandarinenmarmelade 63
　Maronen-Mousse 76
　Peanut Butter Cubes 66
　Roasted Pears 89
　Rote-Bete-Schokoladen-Gläschen 83
　Schoko-Chia-Energie-Bällchen 31
　Schokoladen-Dattel-Sorbet 86
　Schokoladenorangen 60
　Schokotorte mit Johannisbeeren 53
　Sesamkonfekt 65
　Zimtsterne 20
Vollkornquinoa 31

Walnüsse 29, 38, 51
WEIZENFREI
　Apfelküchle 87

Apfeltarte 48
Cranberry-Kokos-Energie-Bällchen 29
Chocolate Chip Cookies 27
Christmas Bark 71
Dattel-Feigen-Häppchen 69
Dried-Fruit-Muffins 45
Fondant au Chocolat 91
Haselnuss-Rochers 73
Honigkuchen 51
Kakao-Birnen-Torte 42
Kardamom-Zimt-Eis mit Pflaumenkompott 84
Kirsch-Pflaumen-Crumble 79
Kokosmakronen 22
Kokos-Pannacotta mit Feigen 80
Laddu 56
Lebkuchenplätzchen 17
Linzer Sterne 32
Maronen-Mousse 76
Orangen-Ingwer-Stangen 35
Peanut Butter Cubes 66
Petits Fours mit Matcha 59
Pistazienküsschen 24
Pumpkin Pie 46
Roasted Pears 89
Rote-Bete-Schoko-Gläschen 83
Schoko-Chia-Energie-Bällchen 31
Schokoladen-Dattel-Sorbet 86
Schokoladenorangen 60
Schokotorte mit Johannisbeeren 53
Sesamkonfekt 65
Spekulatius-Cupcakes 41
Süßkartoffel-Zimtschnecken 38
Vanillekipferl 23
Zimtsterne 20

Zartbitterkuvertüre 53, 60, 66, 73
Zartbitterschokolade 27, 41, 65, 71, 83, 86, 91
Zimtsterne 20
Zitrone 48, 63

Über die Autorin

Schon als Kind entdeckte Alissa Poller ihre große Leidenschaft für Süßspeisen und beschloss 2012, nach ihrem Abitur, dieser zu folgen. Sie zog nach Paris, um dort die renommierte Kochschule Le Cordon Bleu zu besuchen. Zunächst machte sie das Diplôme de Pâtisserie, wo sie unter begabten Chefs jeden Kniff des französischen Konditorhandwerks erlernte. Von Macarons bis hin zu Skulpturen aus Schokolade, das Erschaffen von süßen Köstlichkeiten wurde ihr hier von der Pike auf beigebracht.

Danach schloss Alissa zusätzlich das Diplôme de Cuisine an, um die kulinarischen Künste in ihrer Ganzheit zu perfektionieren. Ihre süße Leidenschaft blieb dabei bestehen. In ihrer Freizeit suchte sie, wenn sie nicht gerade selbst backte, eine Konditorei nach der nächsten in Paris auf und probierte sich durch das Sortiment.

Seit 2015 arbeitet Alissa nun als freie Foodstylistin in München, wo sie sich weiterhin kreativ mit Lebensmitteln austoben kann. 2017 erschien ihr erstes Buch „Himmlische Eclairs".

Bibliografische Information der Deutschen Bibliothek.

Die Deutsche Bibliothek verzeichnet diese Publikation in der deutschen Nationalbibliografie.

Detaillierte bibliografische Daten sind im Internet über http://www.d-nb.de/ abrufbar.

Alle in diesem Buch veröffentlichten Abbildungen sind urheberrechtlich geschützt und dürfen nur mit ausdrücklicher schriftlicher Genehmigung des Verlags gewerblich genutzt werden. Eine Vervielfältigung oder Verbreitung der Inhalte des Buchs ist untersagt und wird zivil- und strafrechtlich verfolgt. Das gilt insbesondere für Vervielfältigungen, Übersetzungen, Mikroverfilmungen und die Einspeicherung und Verarbeitung in elektronischen Systemen.

Die im Buch veröffentlichten Aussagen und Ratschläge wurden von Verfasserin und Verlag sorgfältig erarbeitet und geprüft. Eine Garantie für das Gelingen kann jedoch nicht übernommen werden, ebenso ist die Haftung der Verfasserin bzw. des Verlags und seiner Beauftragten für Personen-, Sach- und Vermögensschäden ausgeschlossen.

Bei der Verwendung im Unterricht ist auf dieses Buch hinzuweisen.

EIN BUCH DER EDITION MICHAEL FISCHER

1. Auflage 2017

© 2017 Edition Michael Fischer GmbH, Igling

Covergestaltung, Layout und Satz: Bernadett Linseisen
Fotos: Eising Studio GmbH – FOOD & Video, München
Autorenfoto (S. 95): Julia Schubert Photography, Frankfurt am Main
Foodstyling: Alissa Poller
Lektorat: Saskia Wedhorn
Korrektorat: Asta Machat, München

ISBN 978-3-86355-753-9

Printed in Slovakia

www.emf-verlag.de